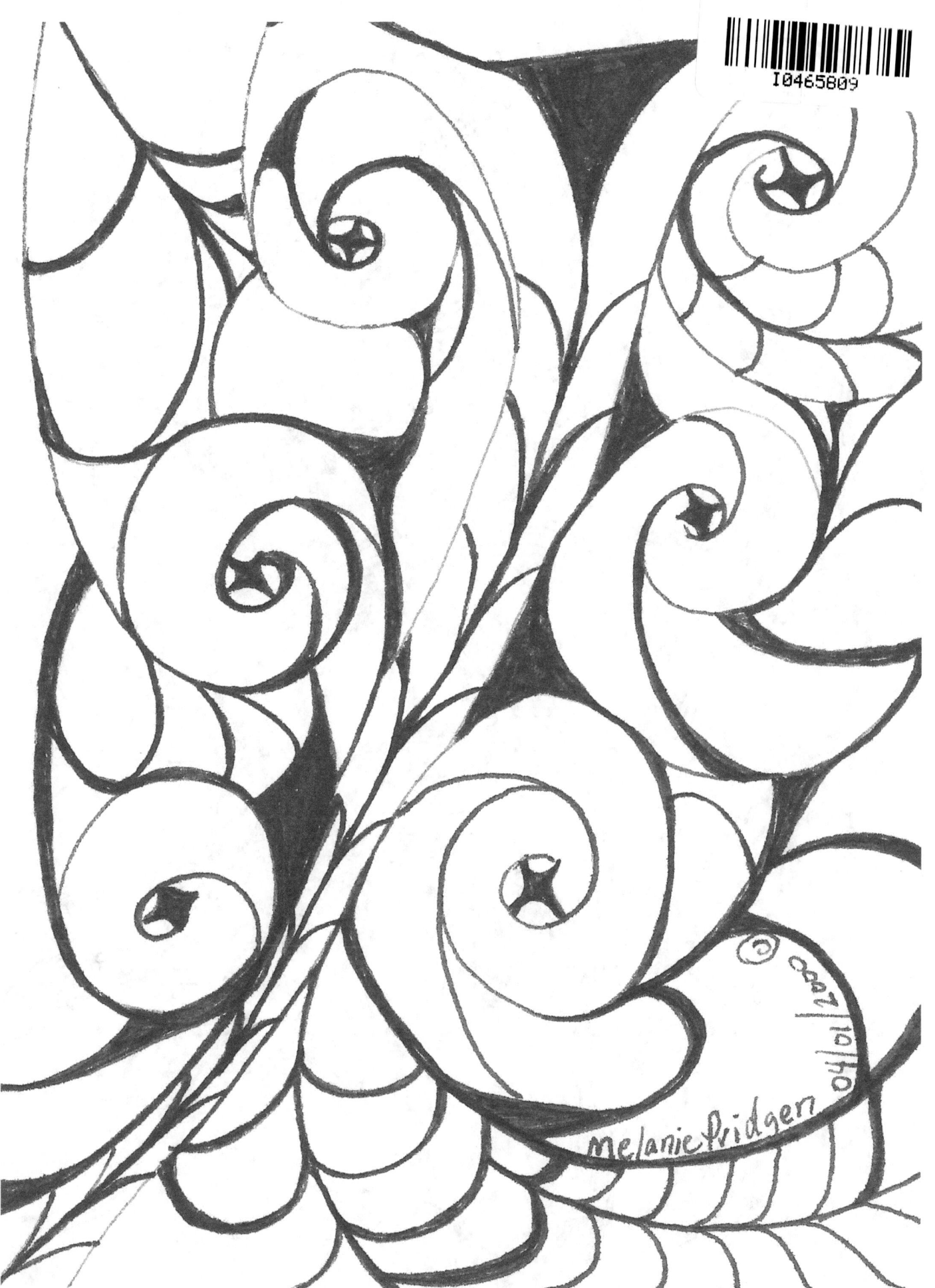

melanie Pridgen

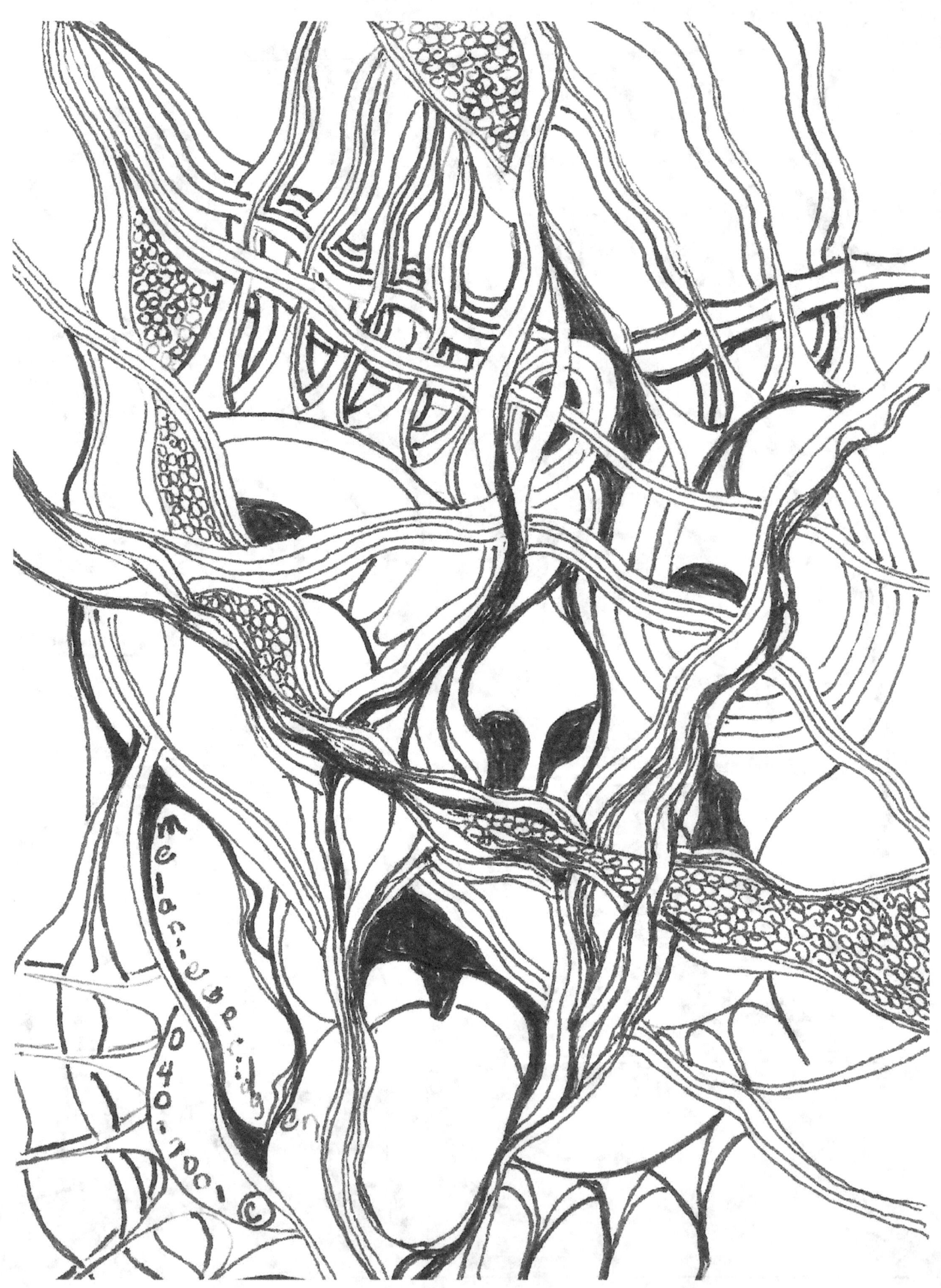

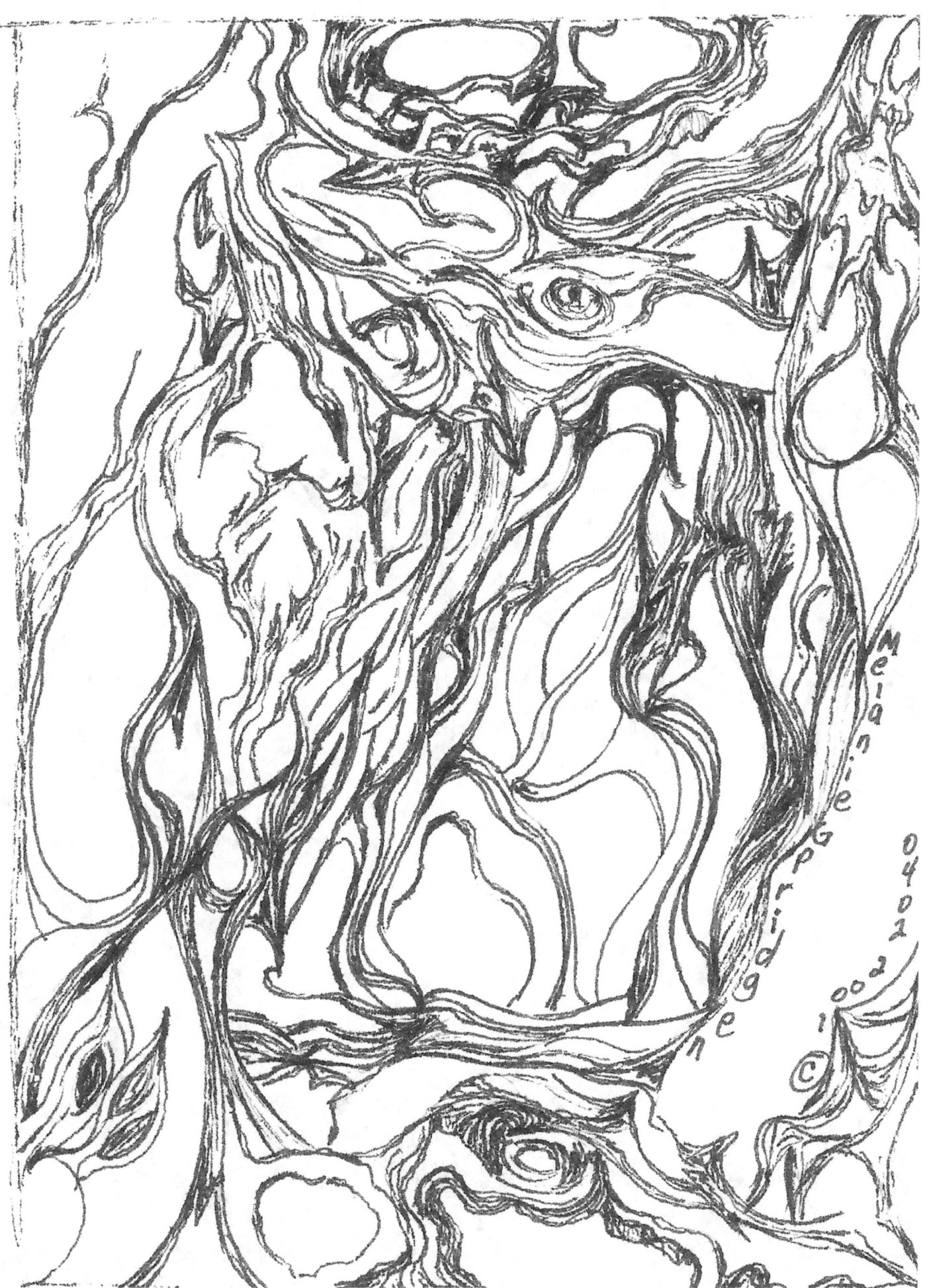

3

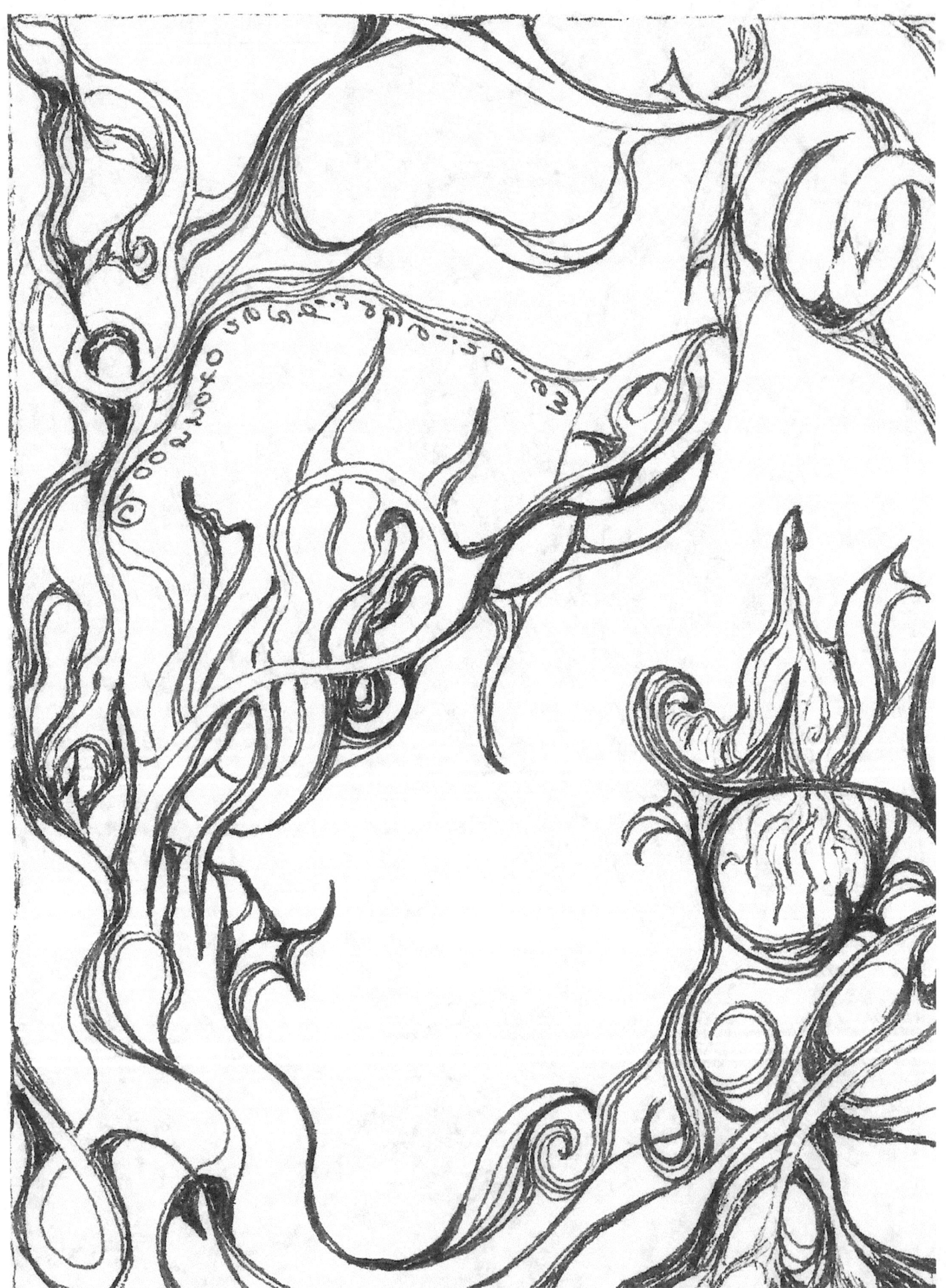

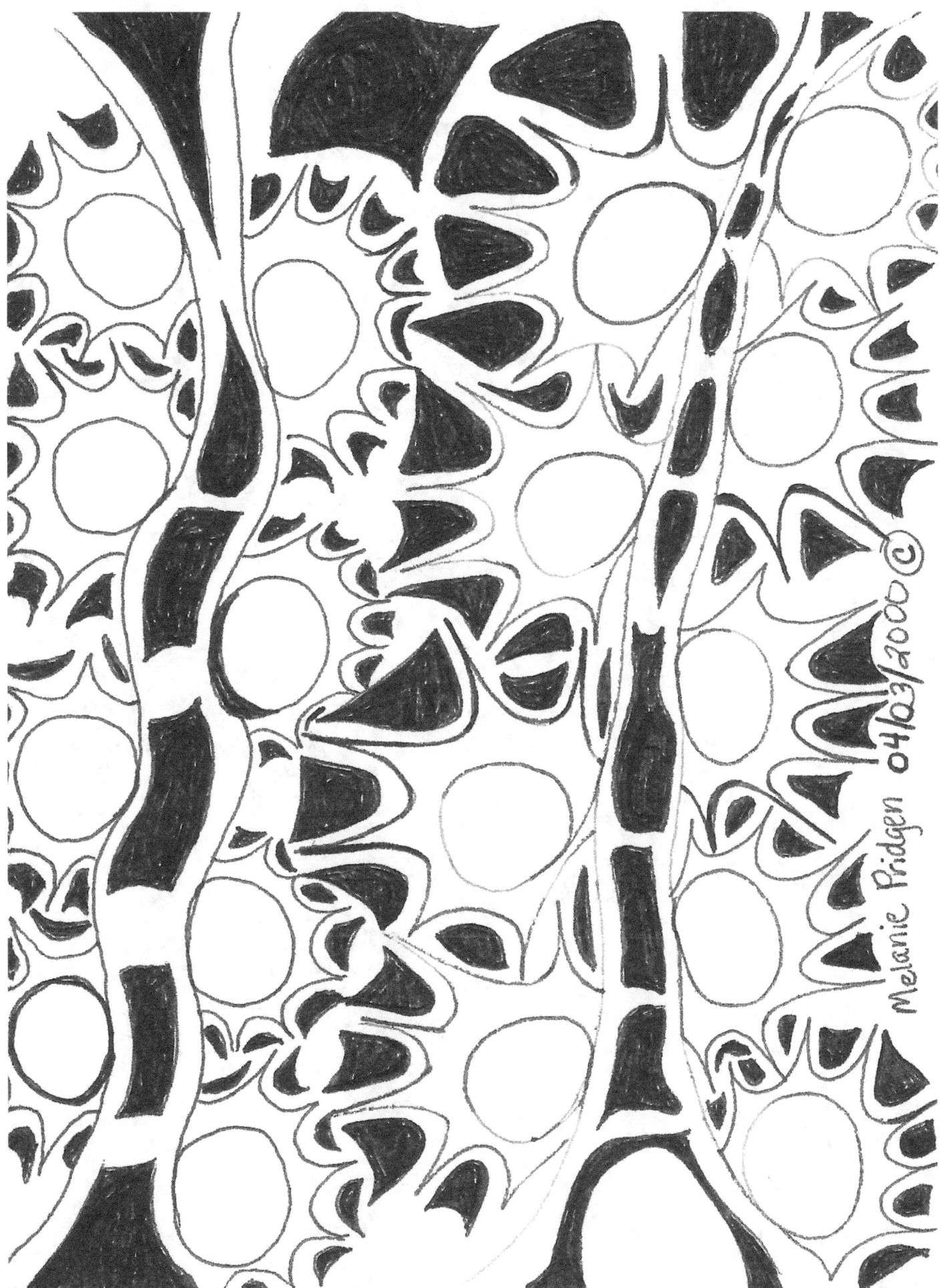

Melanie Pridgen 04/03/2000 ©

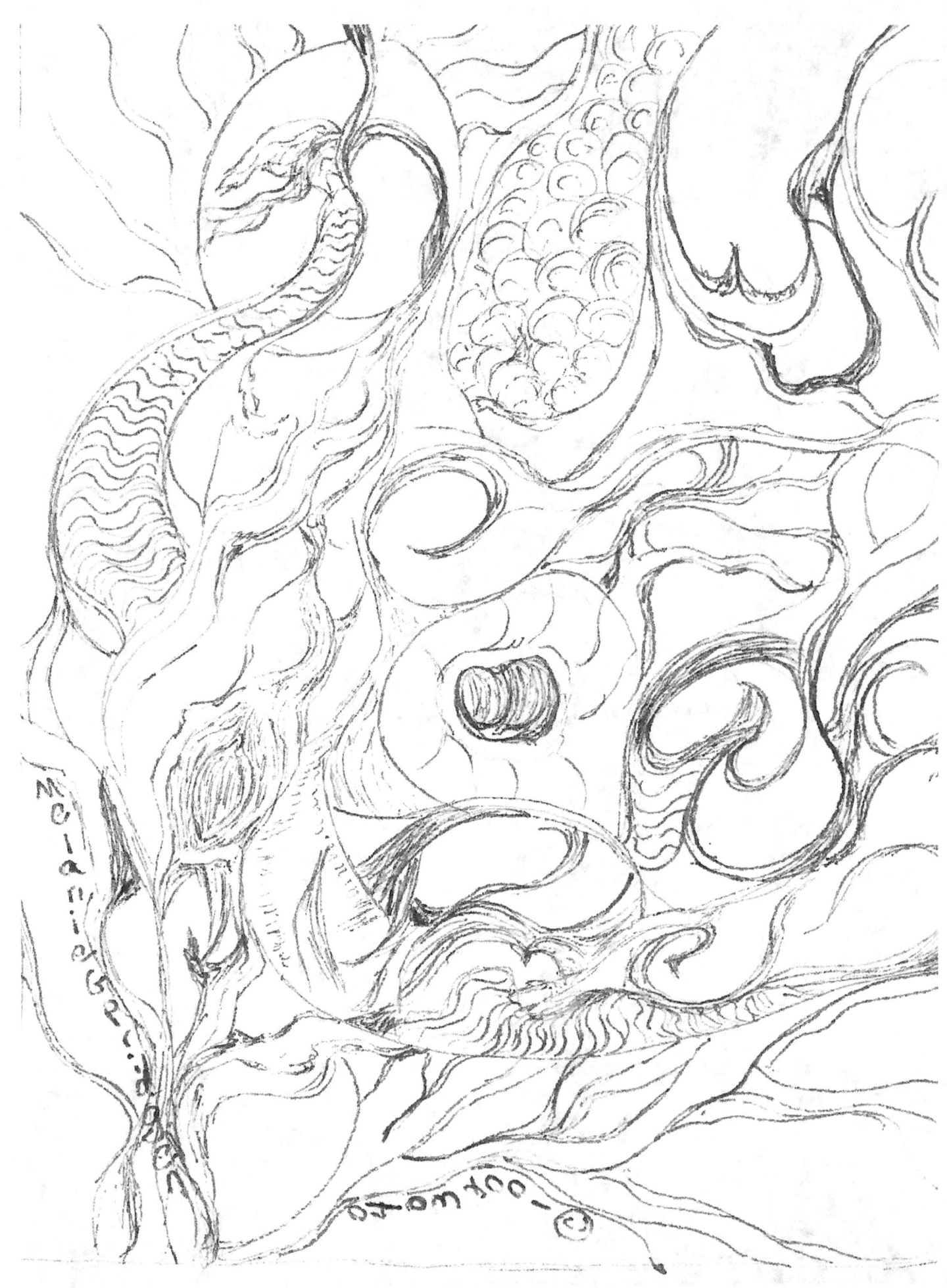

6

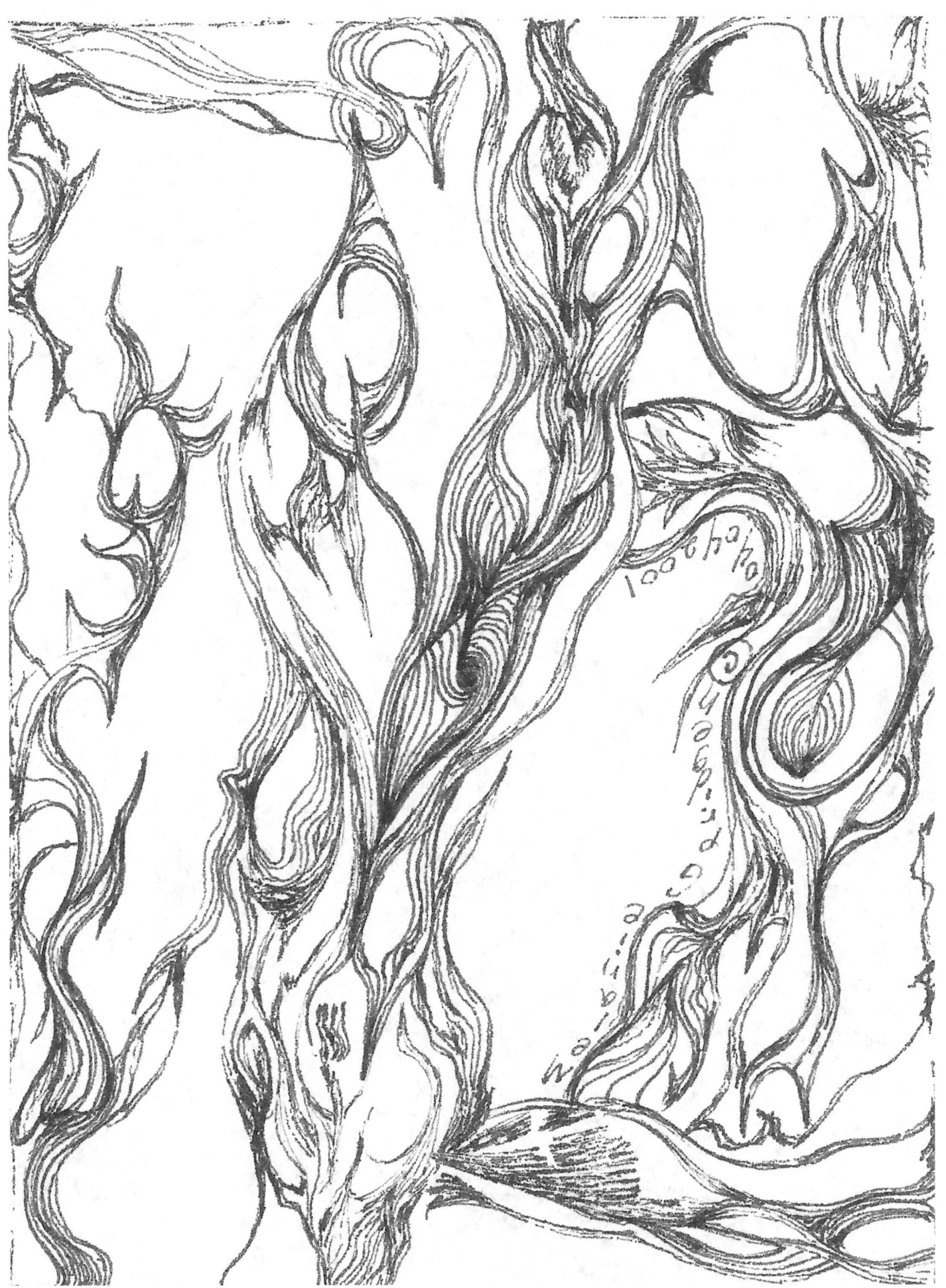

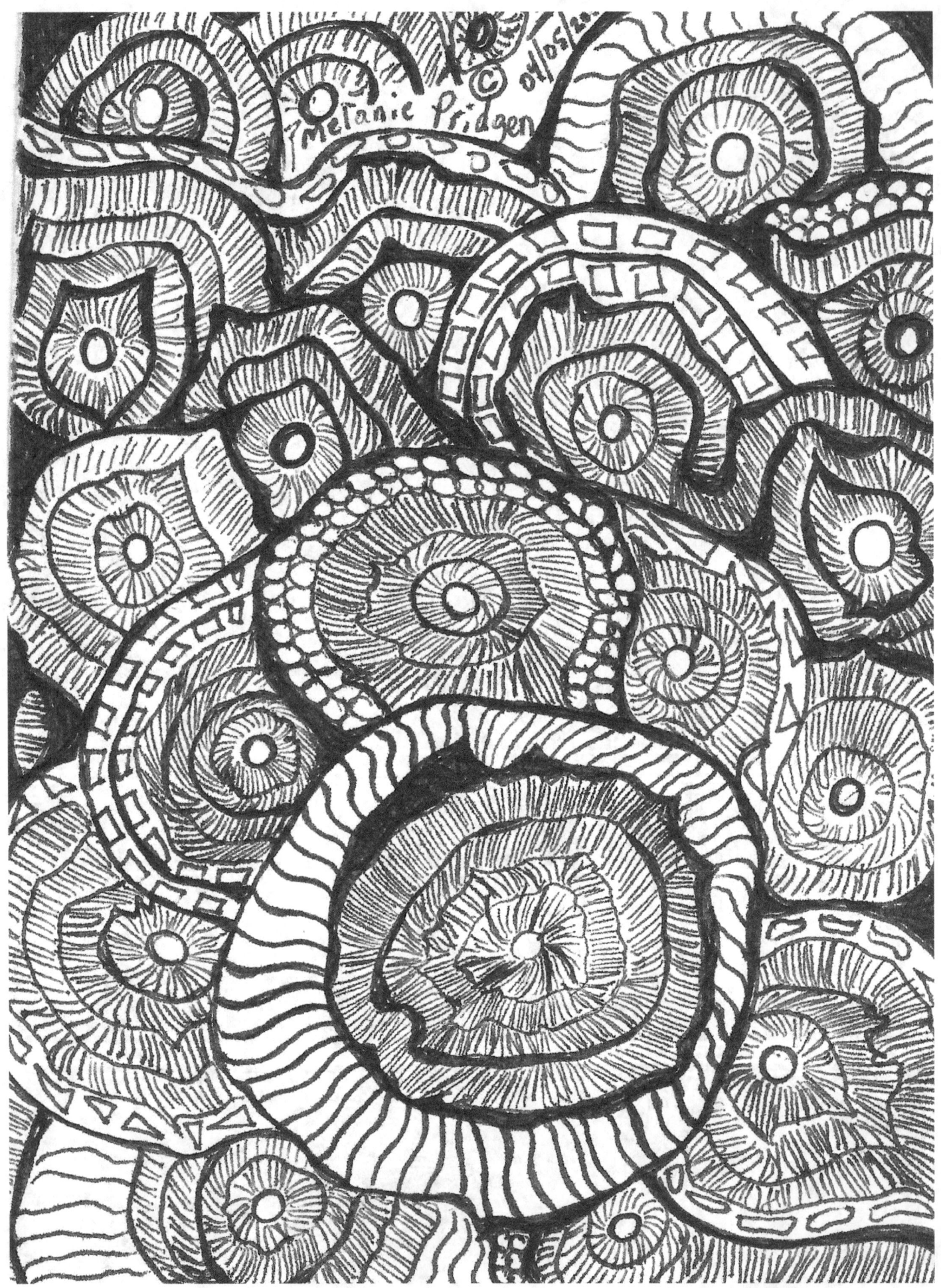

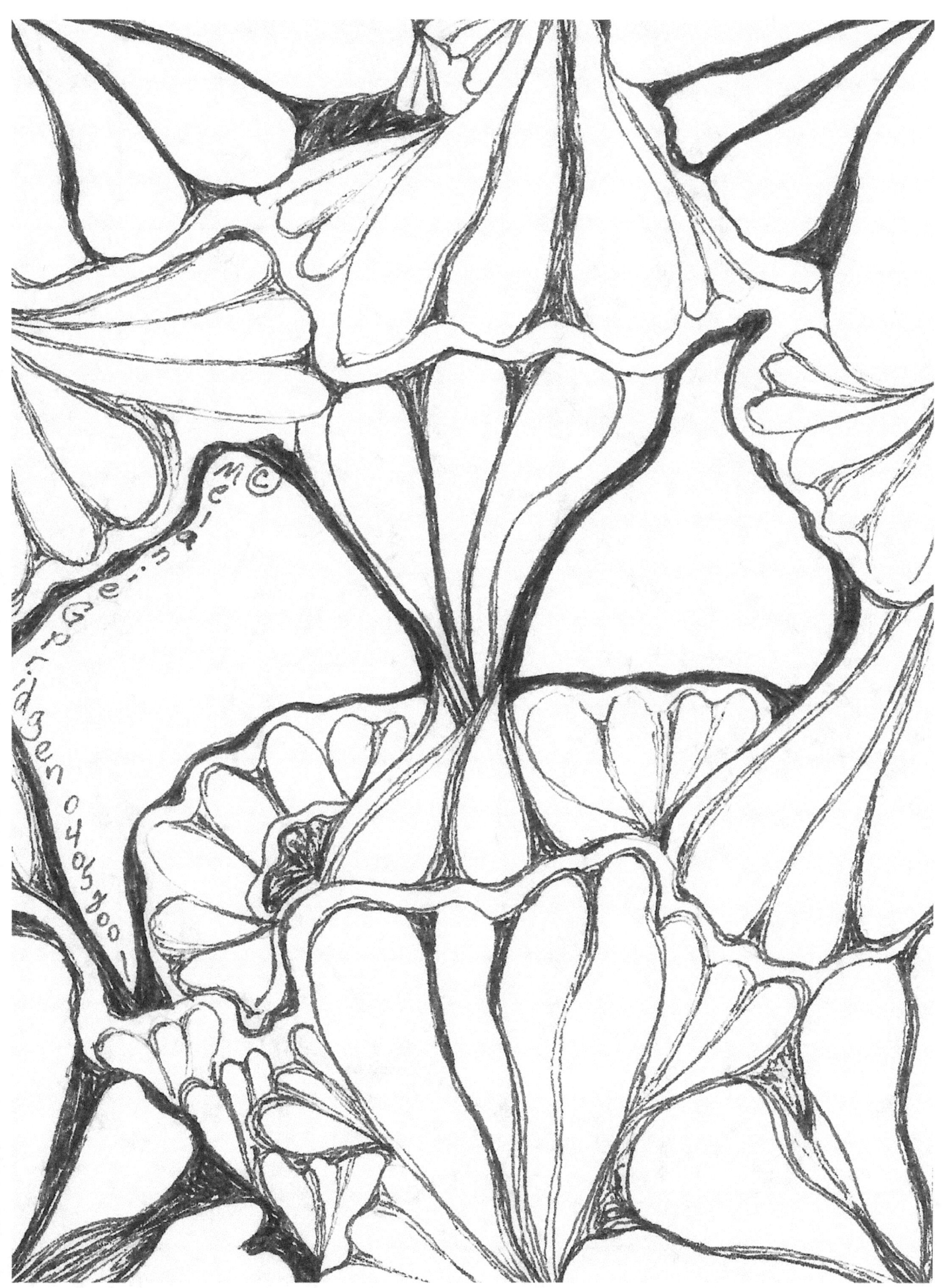

M-ridge-is-me ©

Bridgen 040600

9

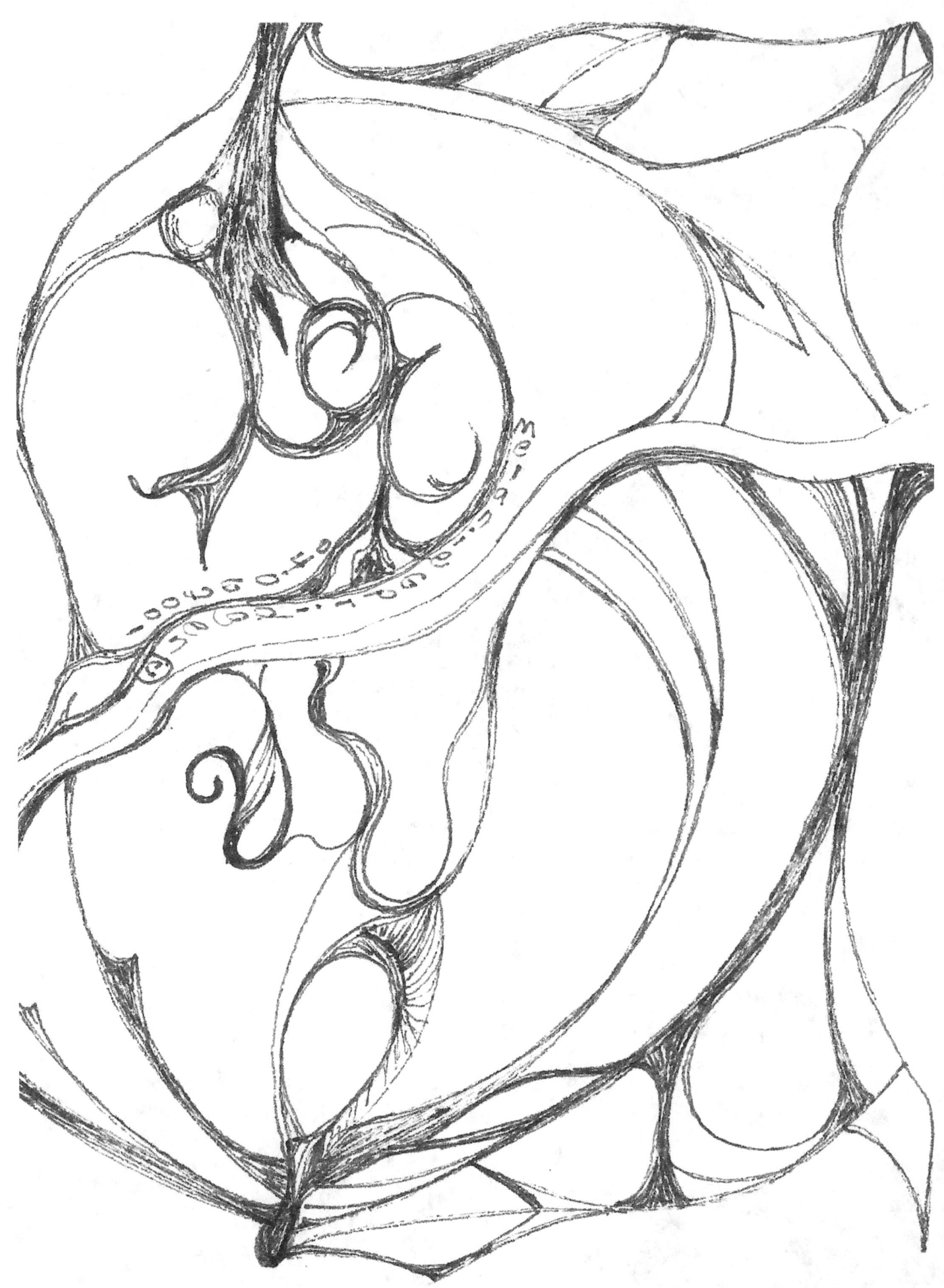

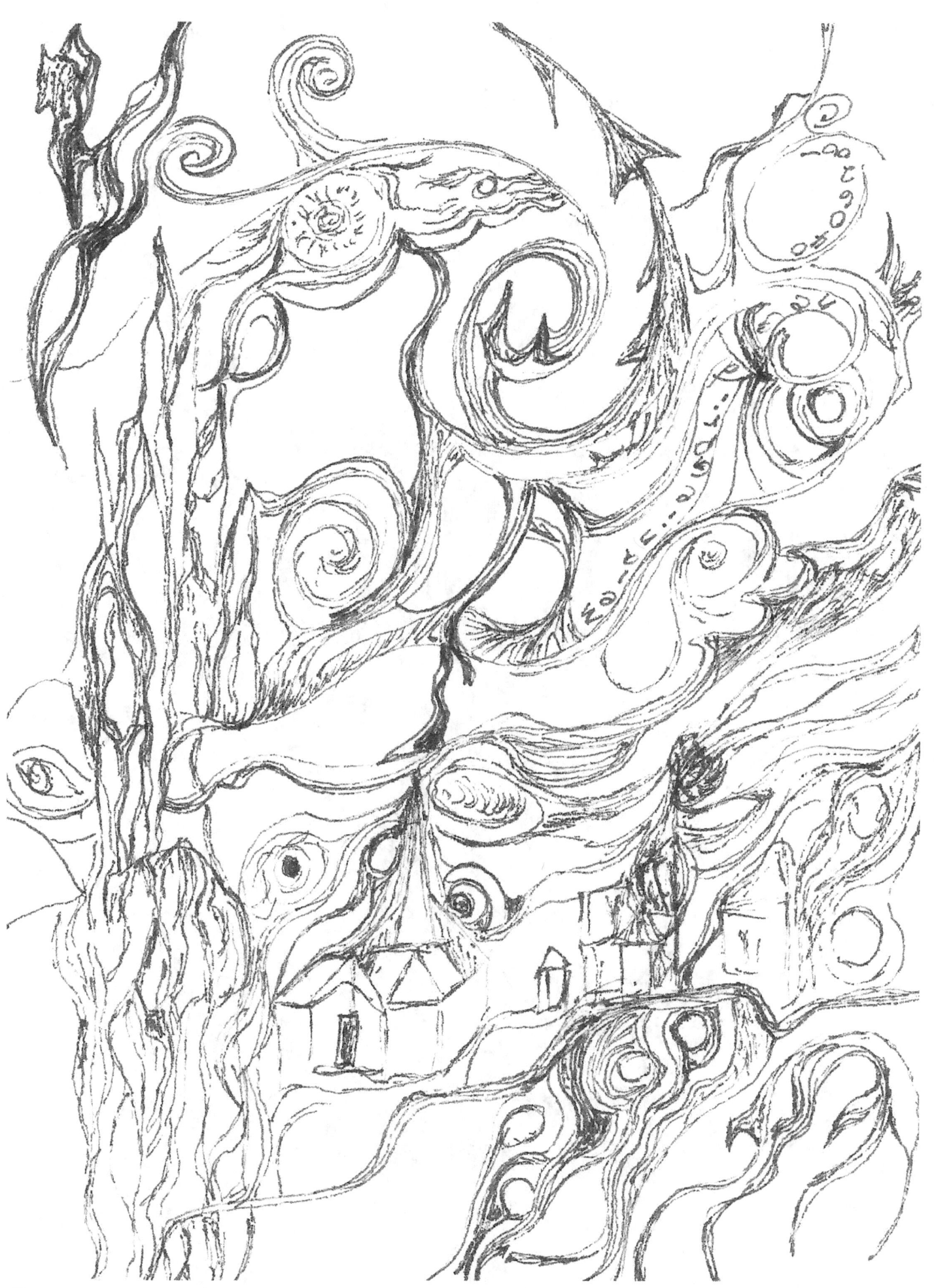

11

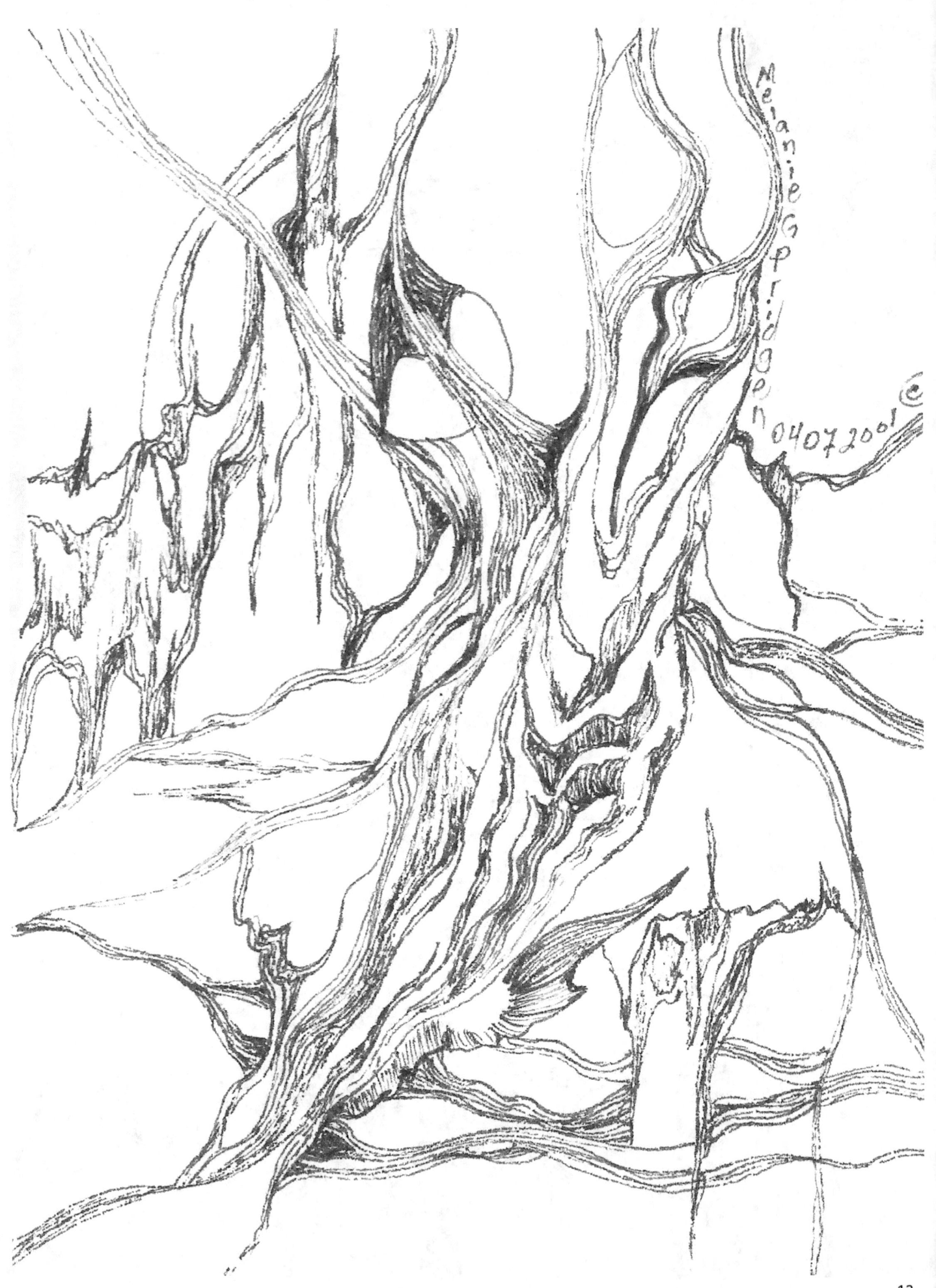

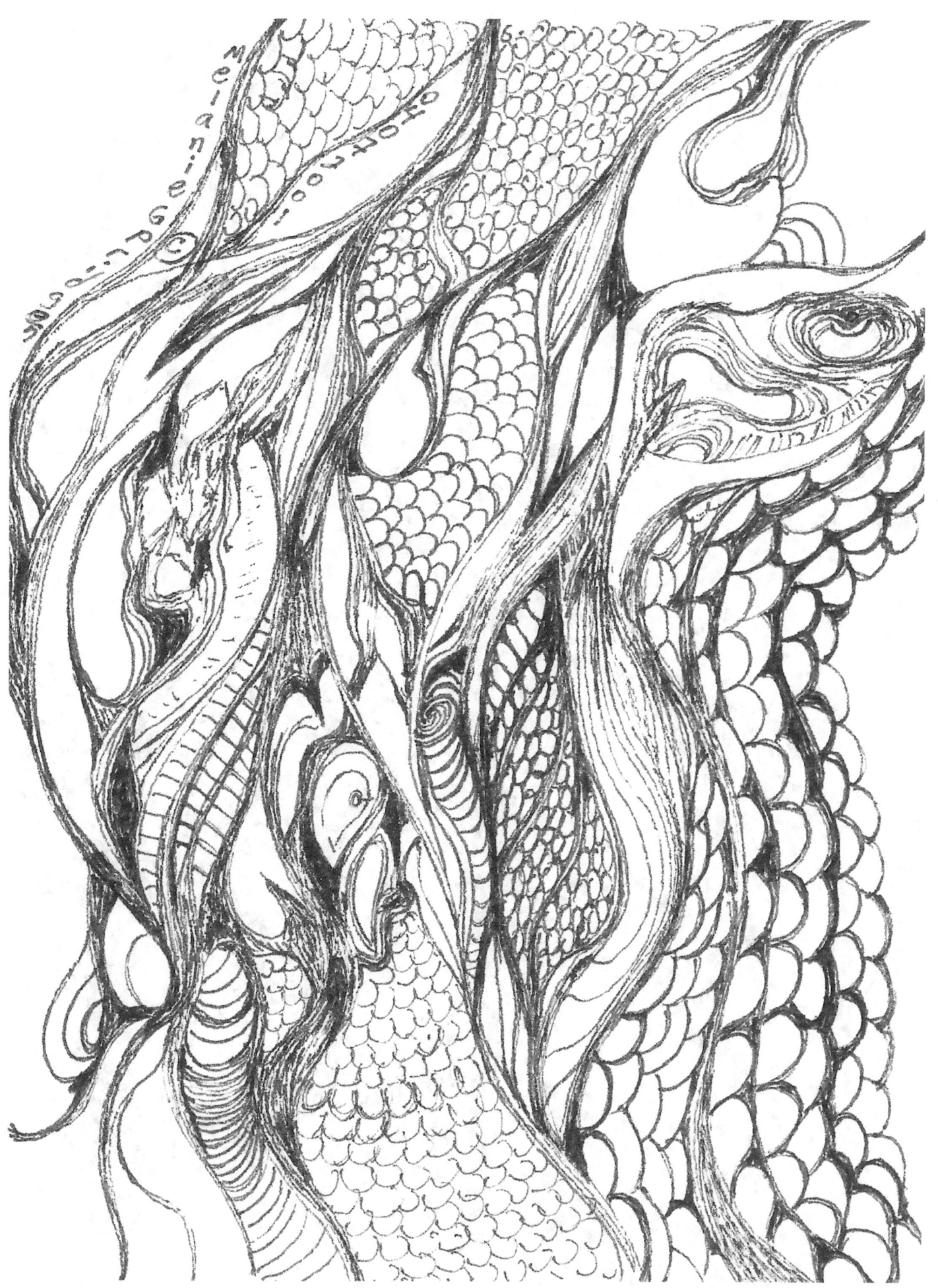

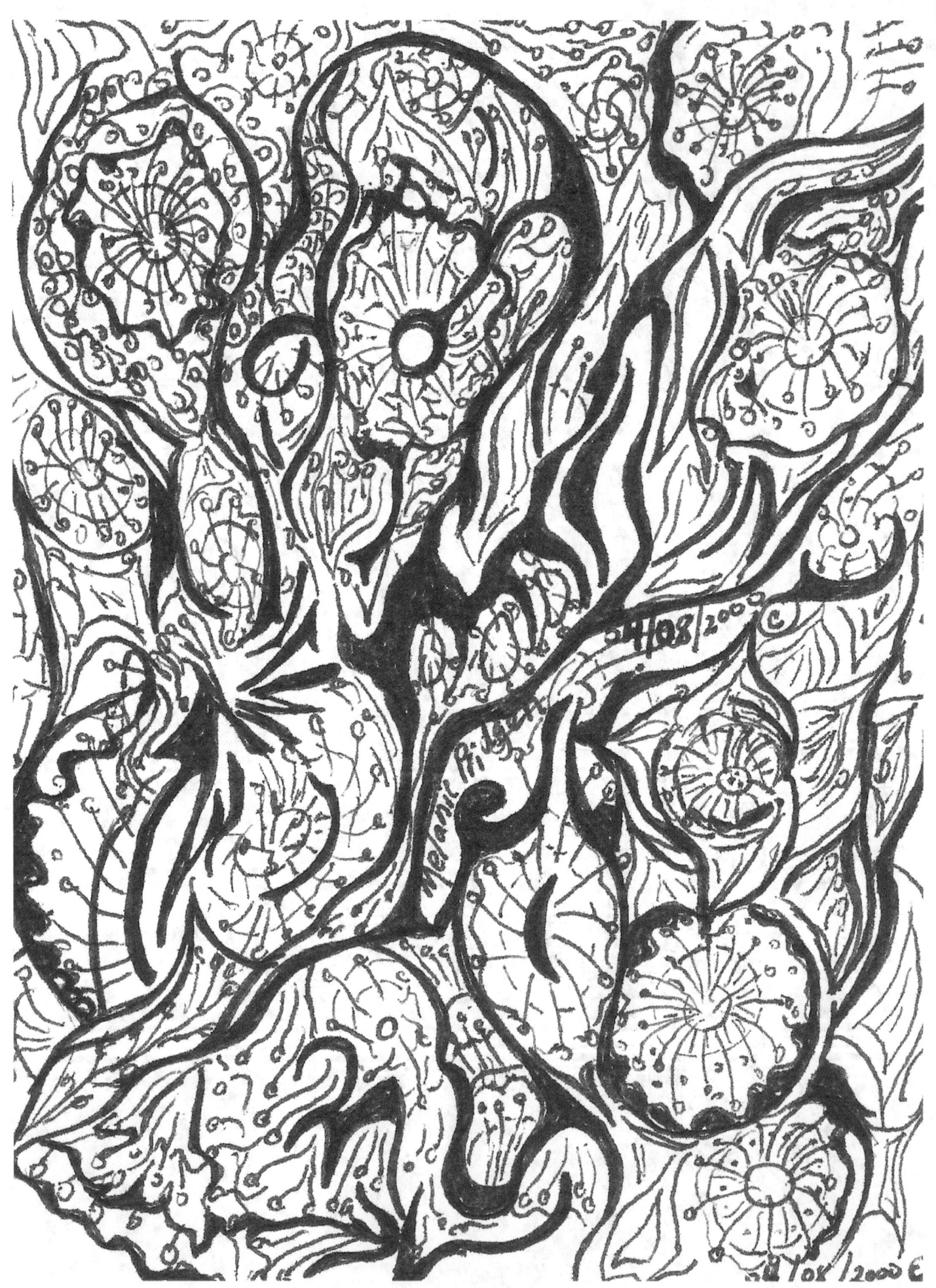

14

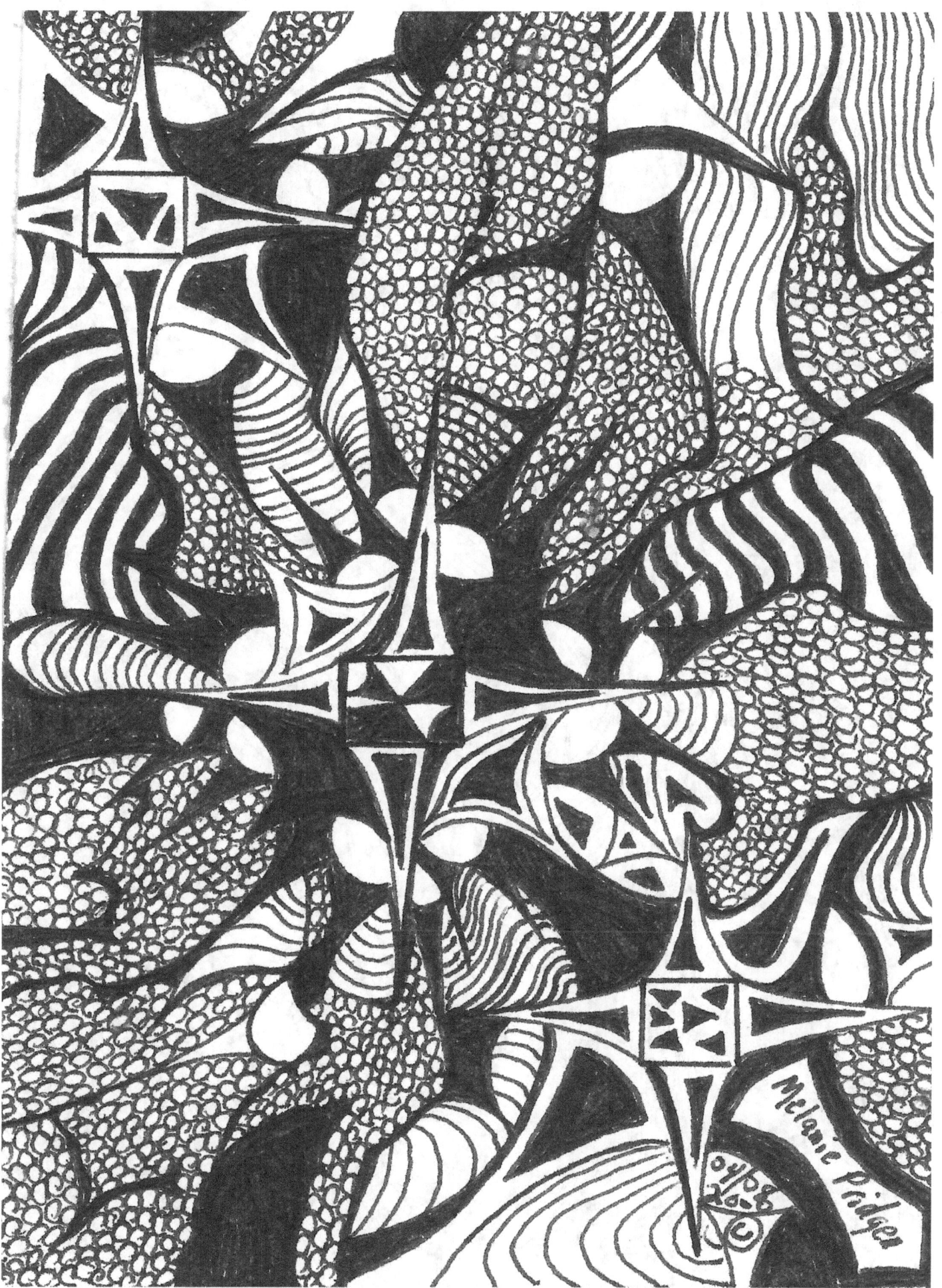

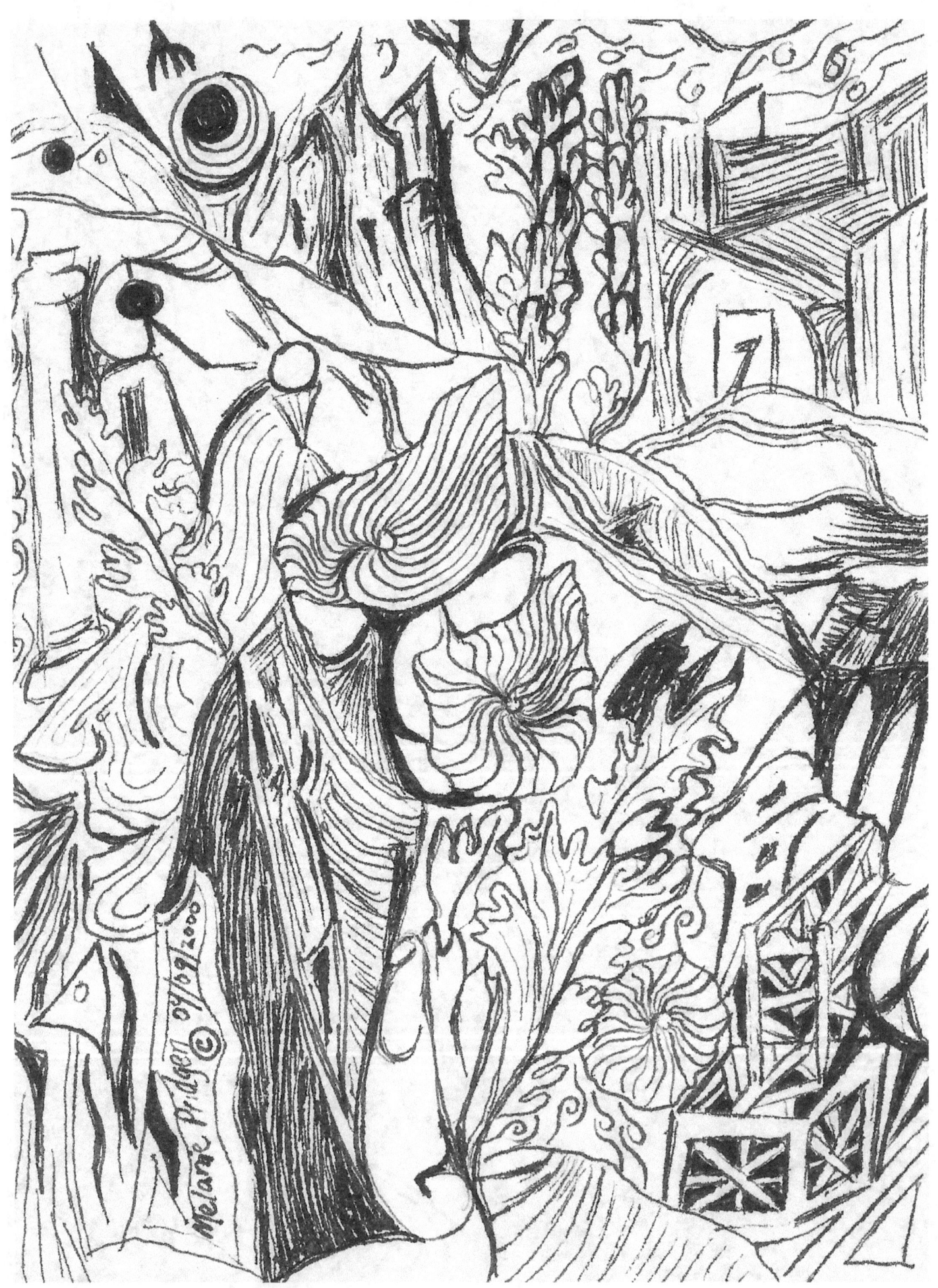

Melanie Pridgen © 04/09/2000

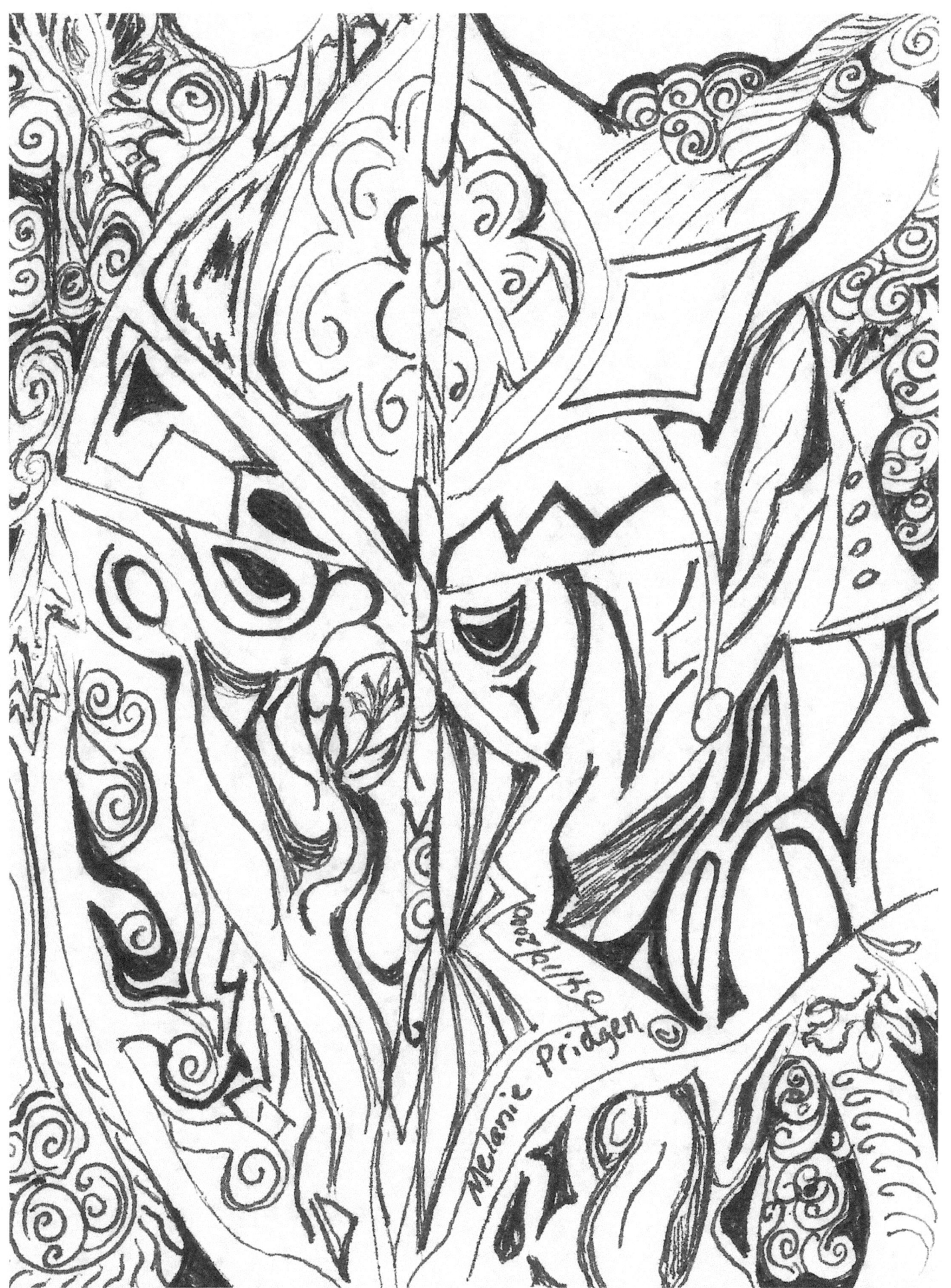

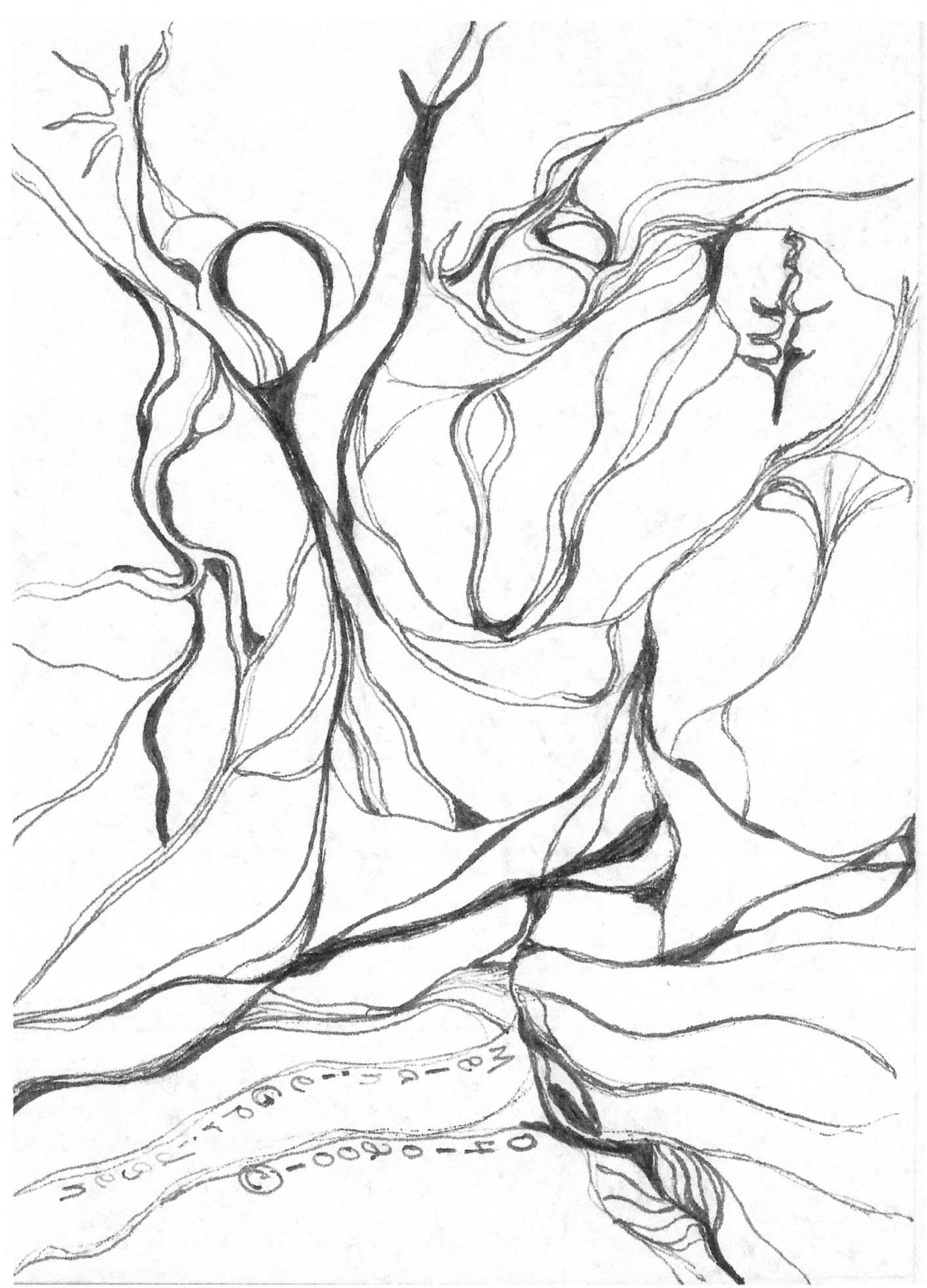

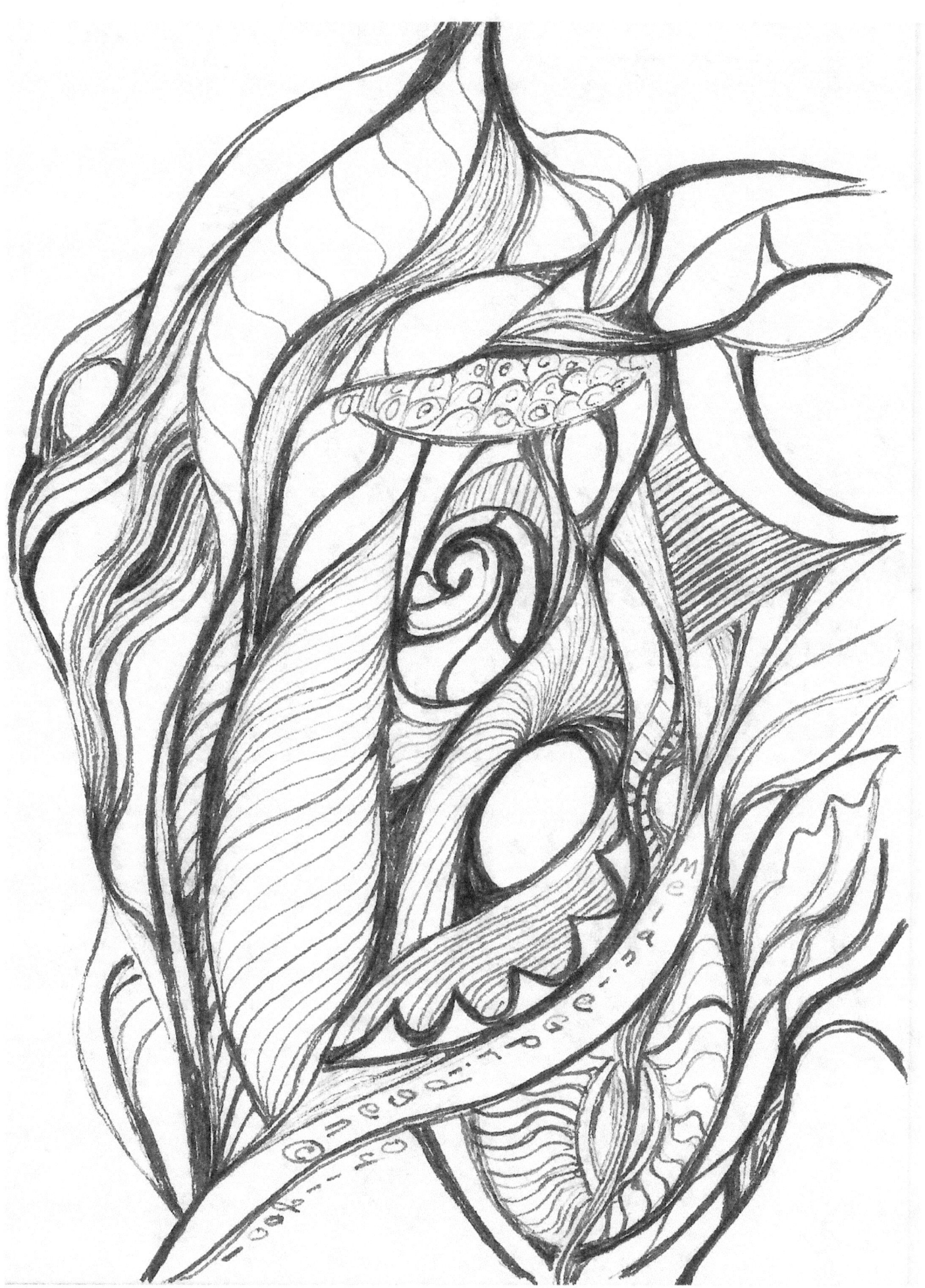

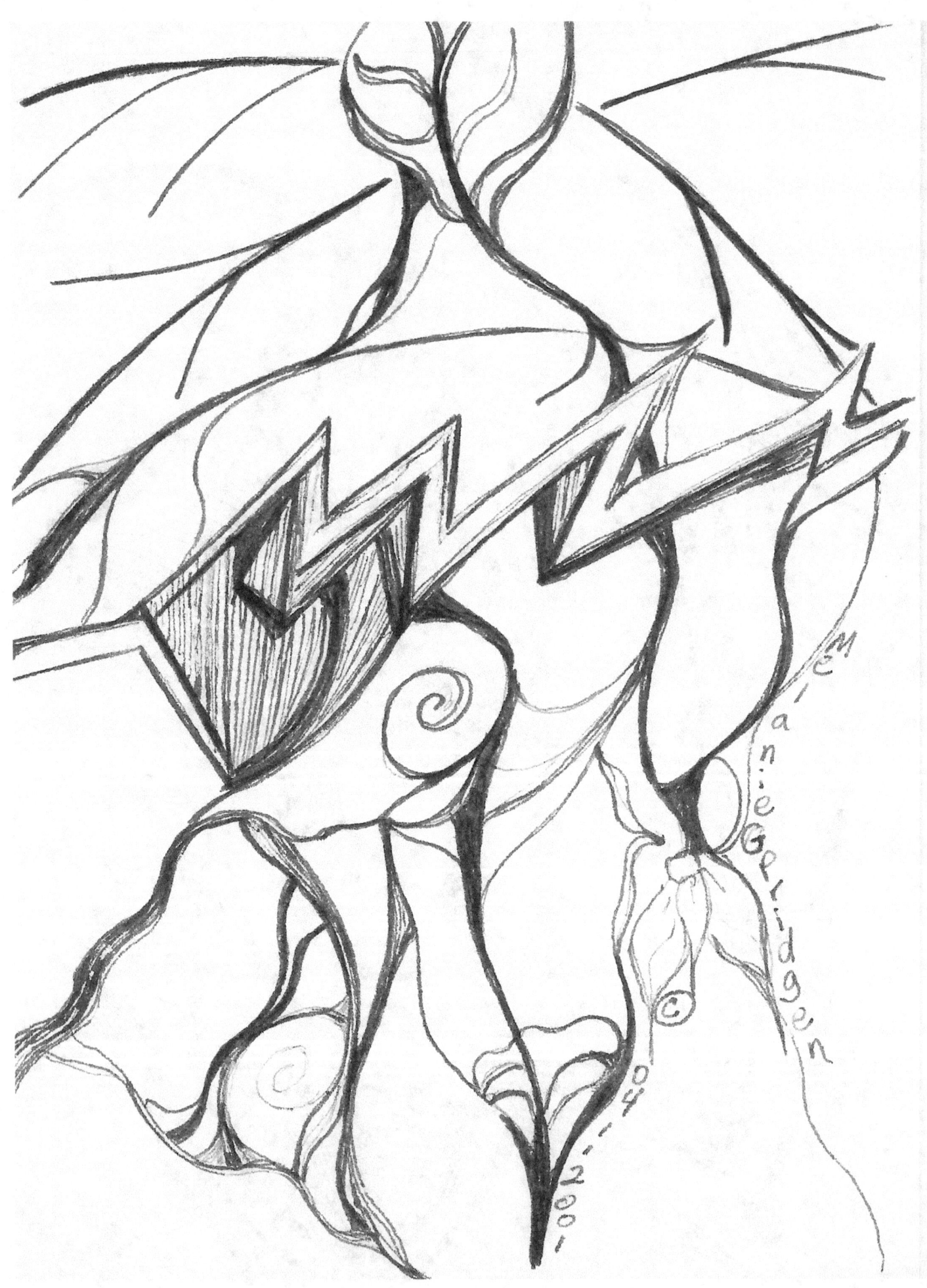

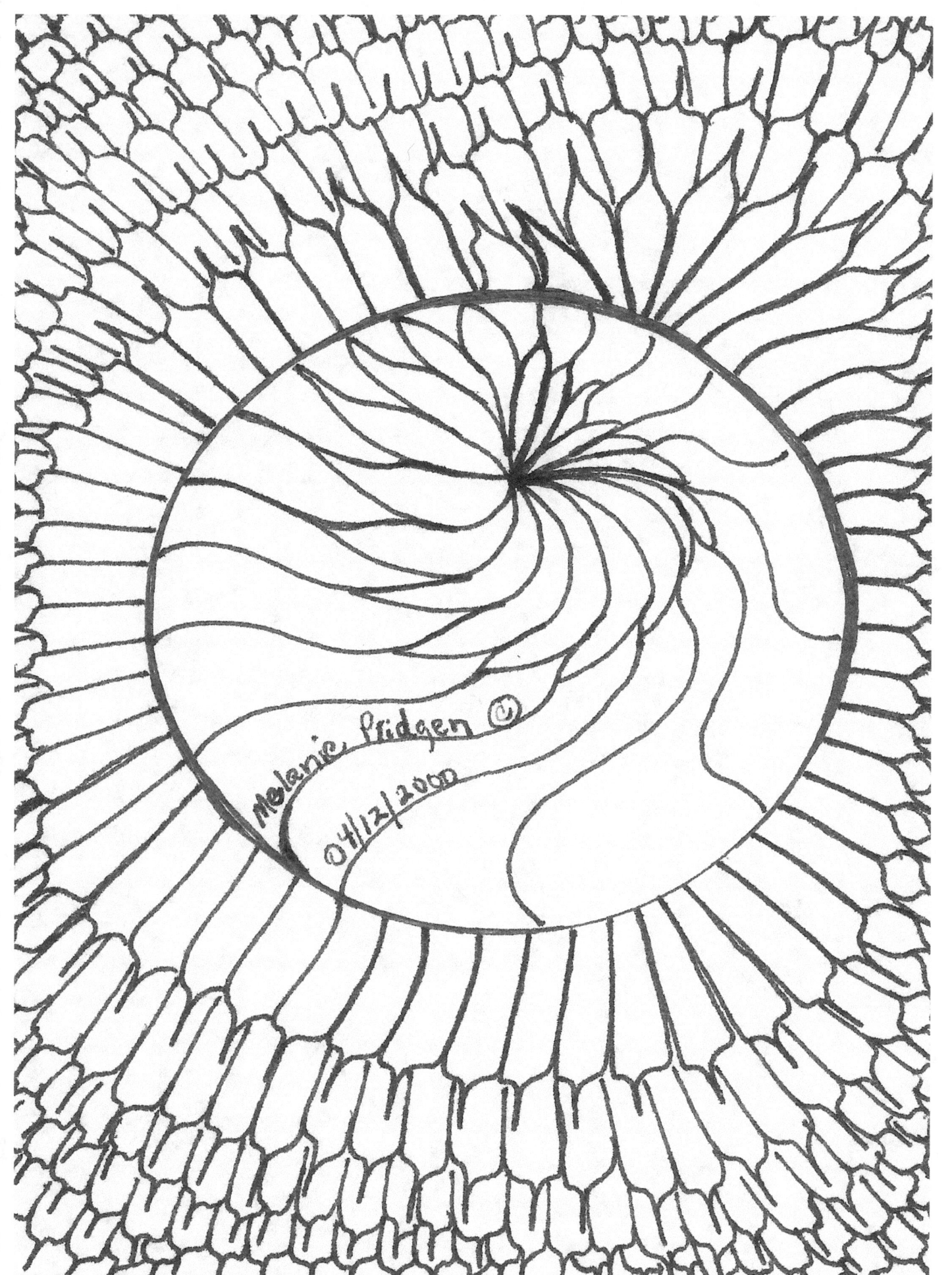

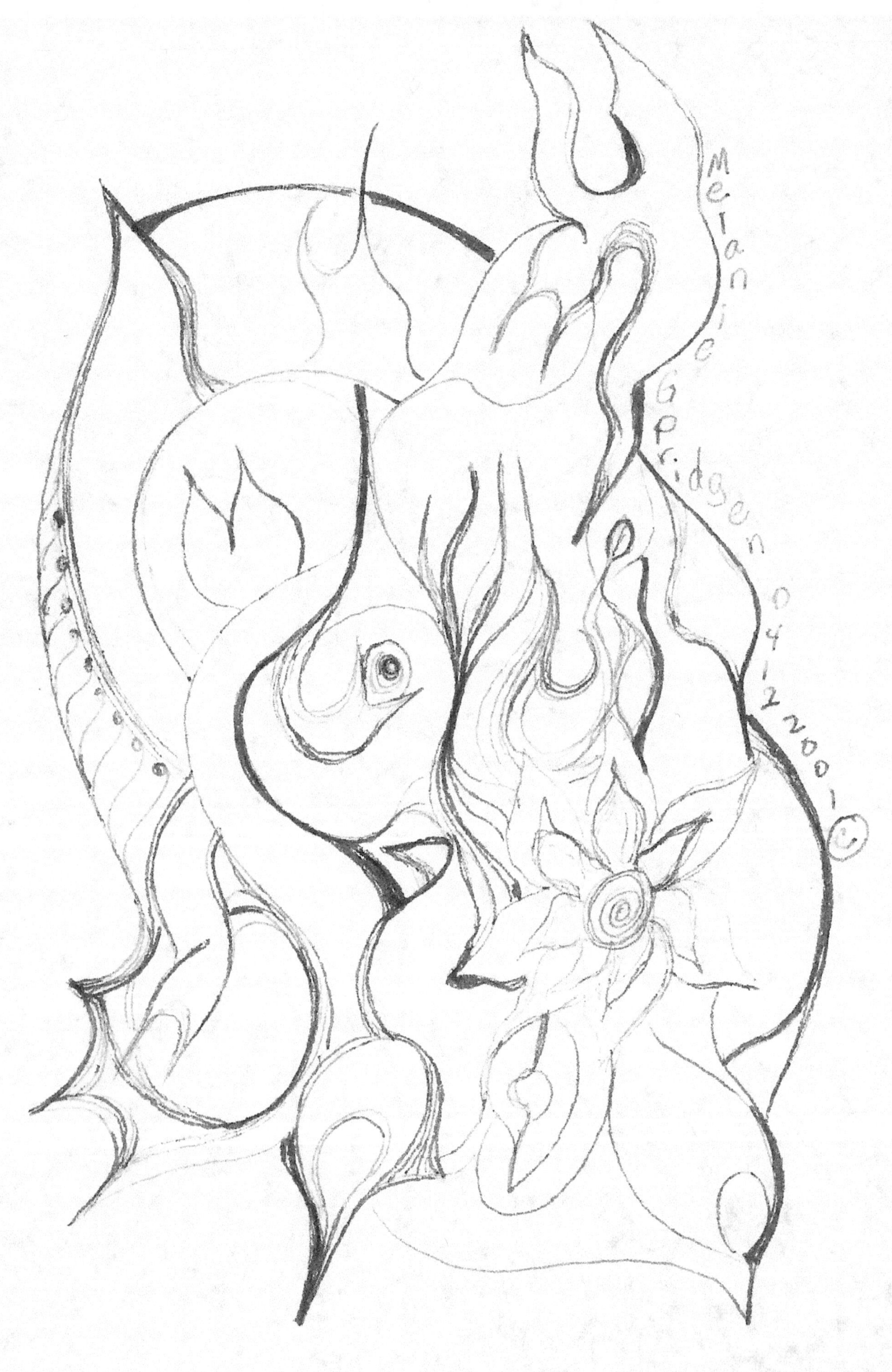

Melanie G Pridgen 04-14 2001 ©

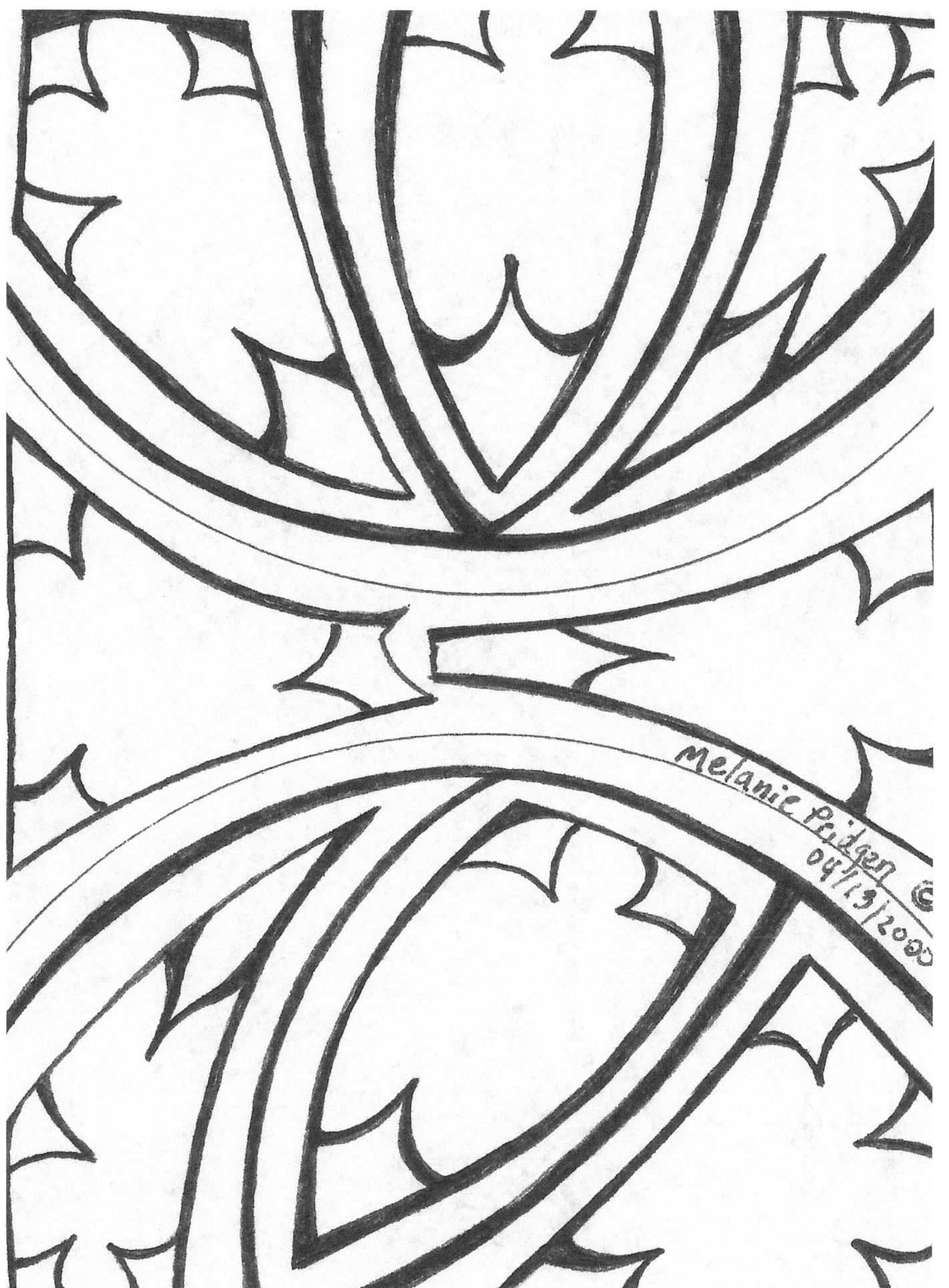

23

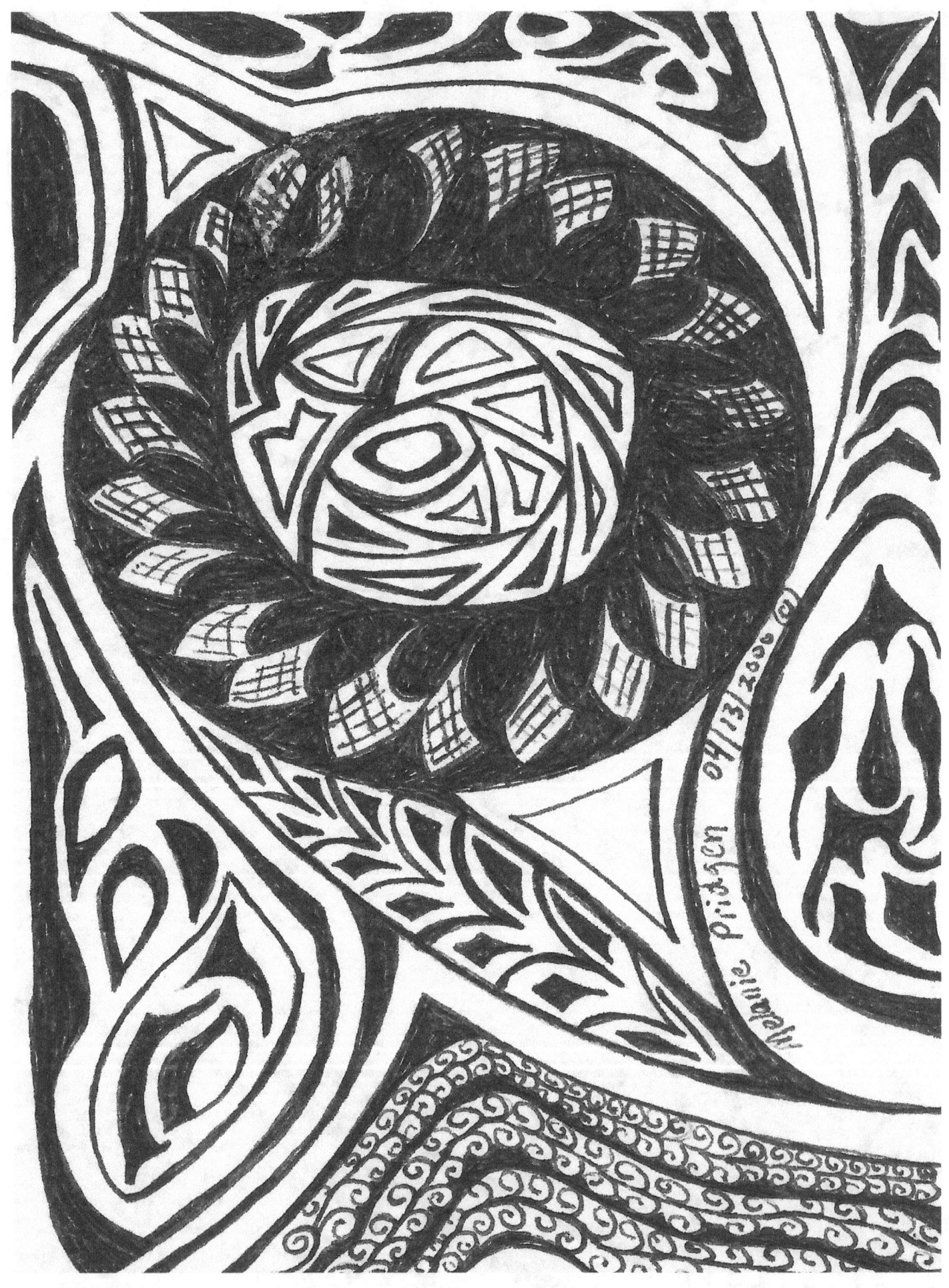

Melanie Prissen 04/13/2006 @

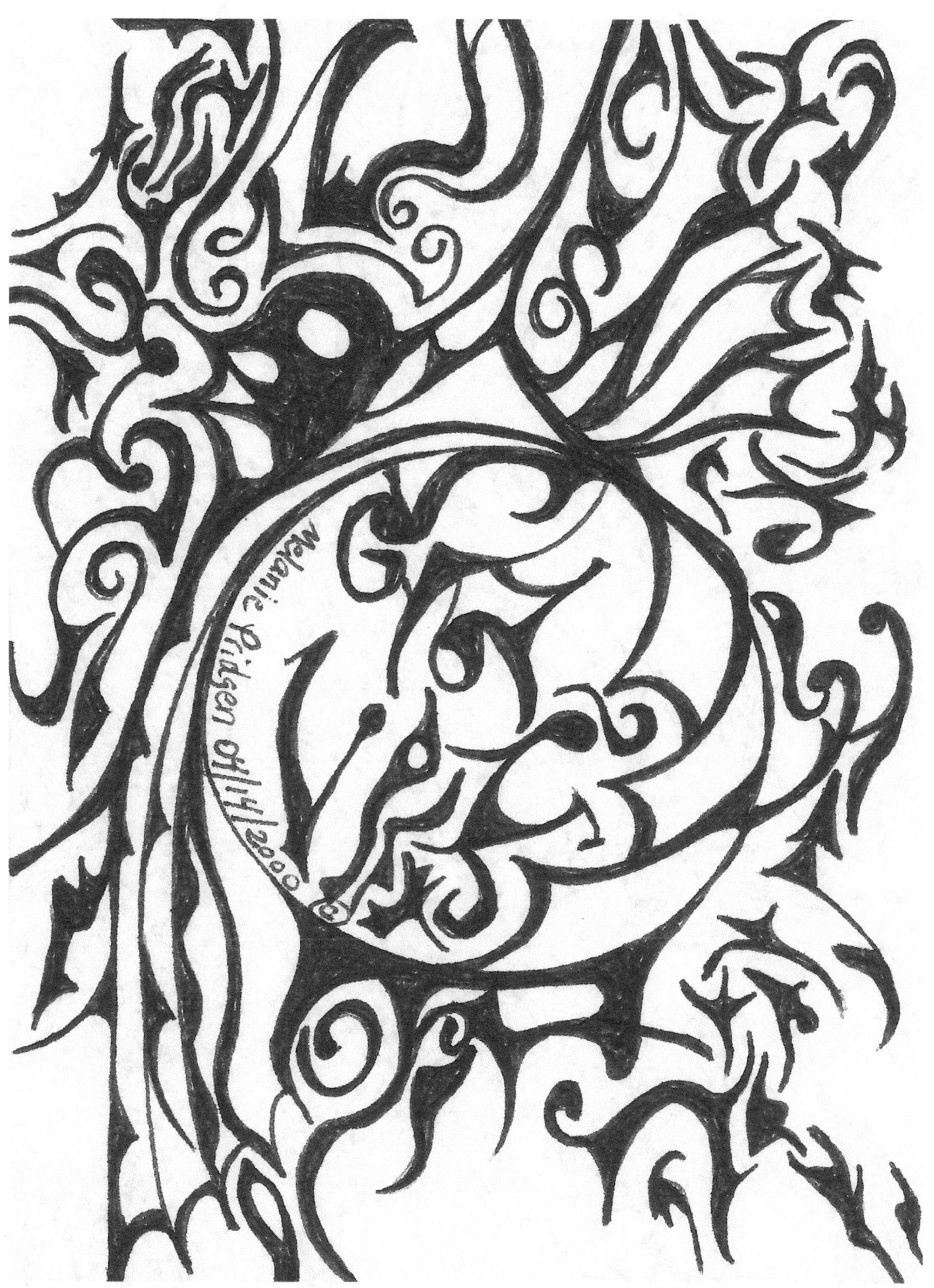

Melanie Pridgen 01/14/2000

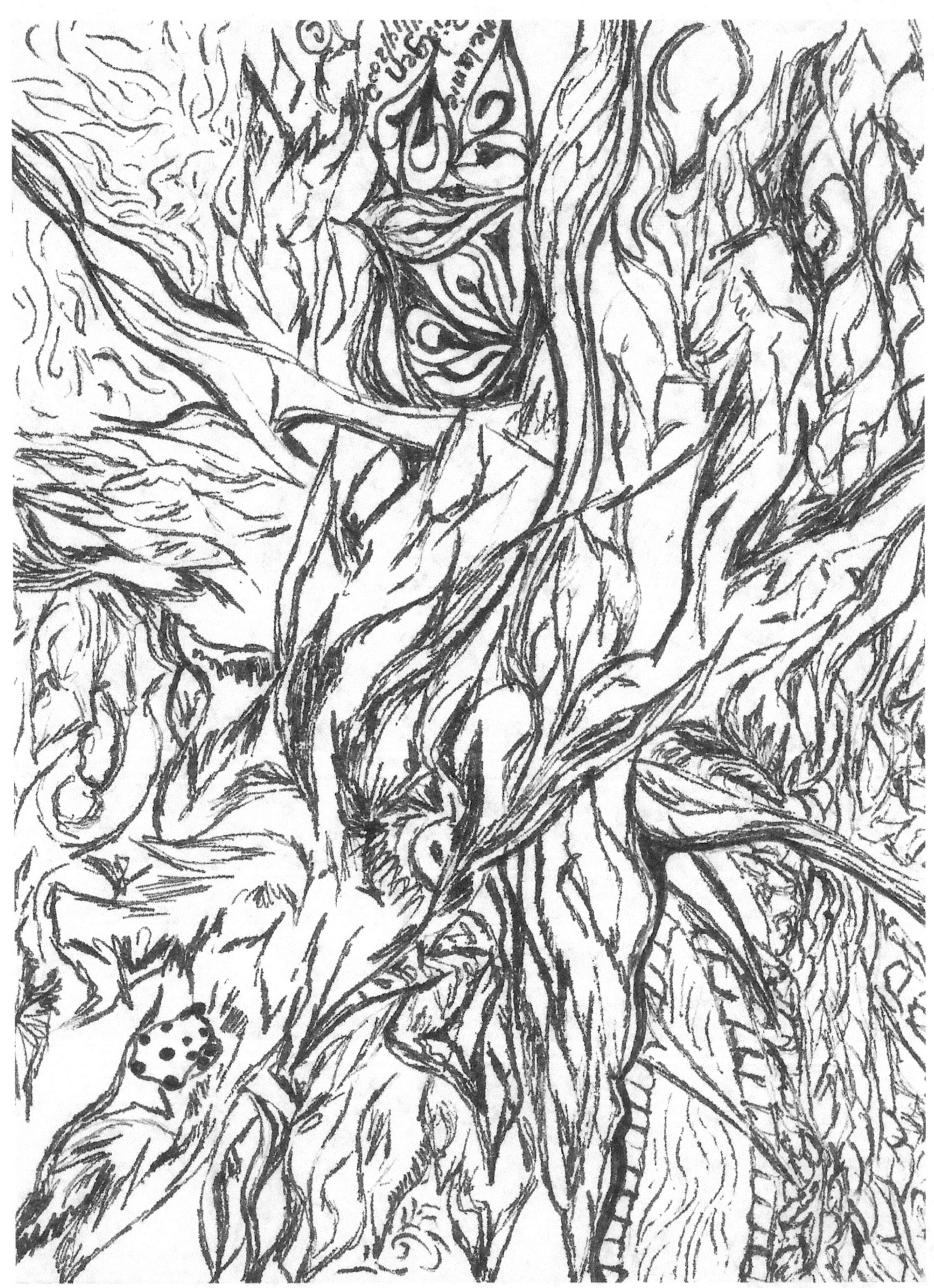

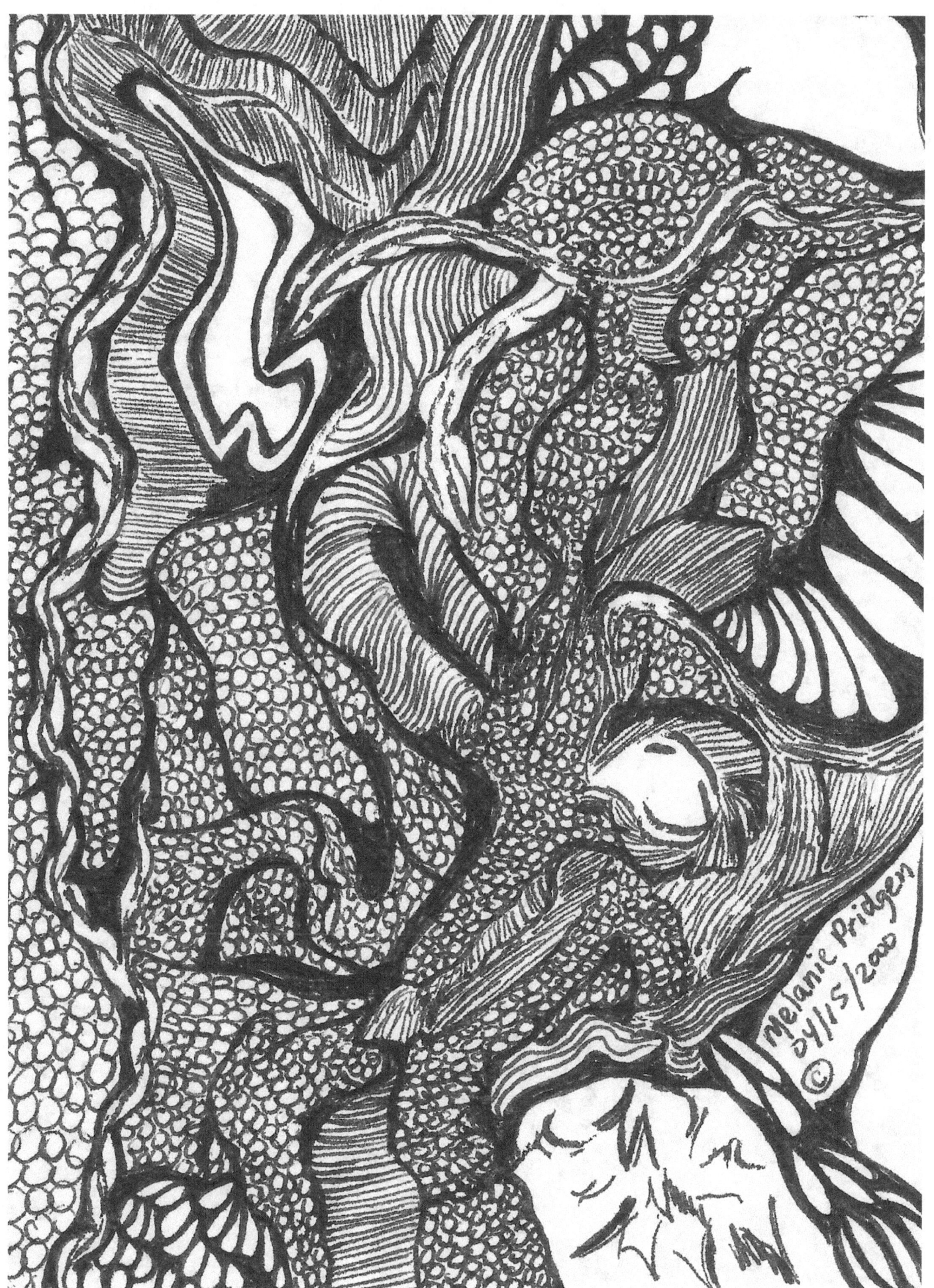

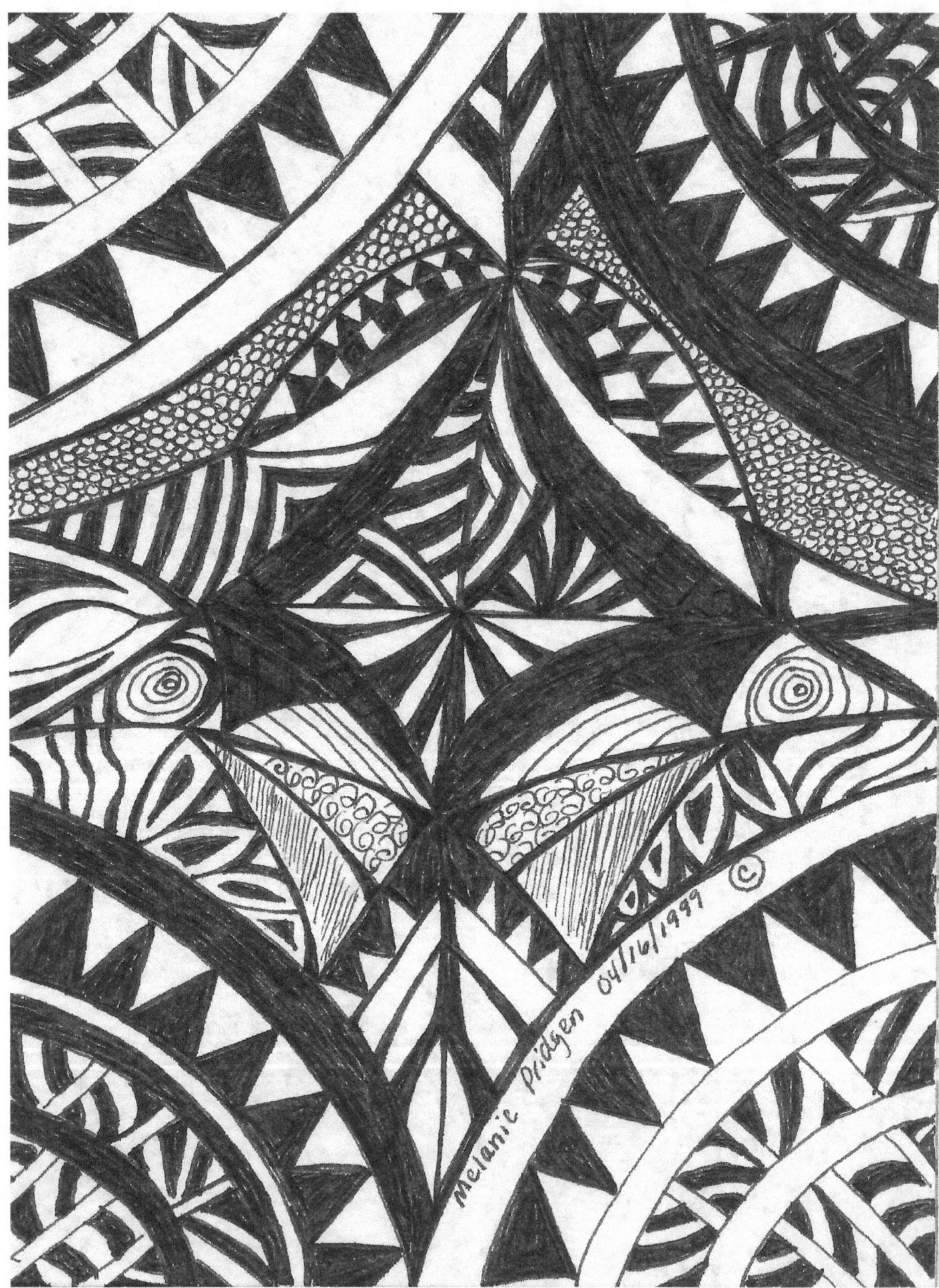

Melanie Pragen 04/16/1999

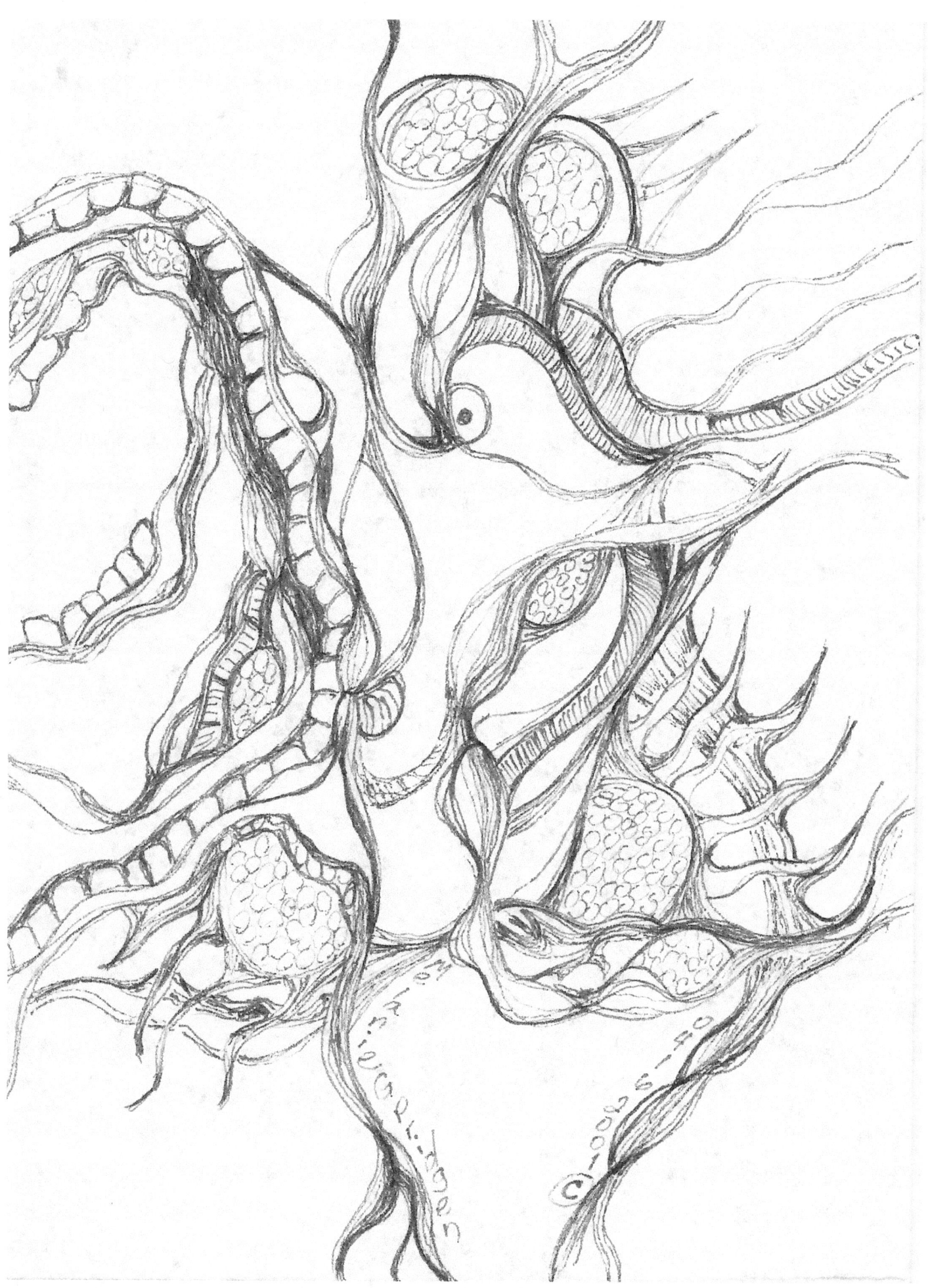

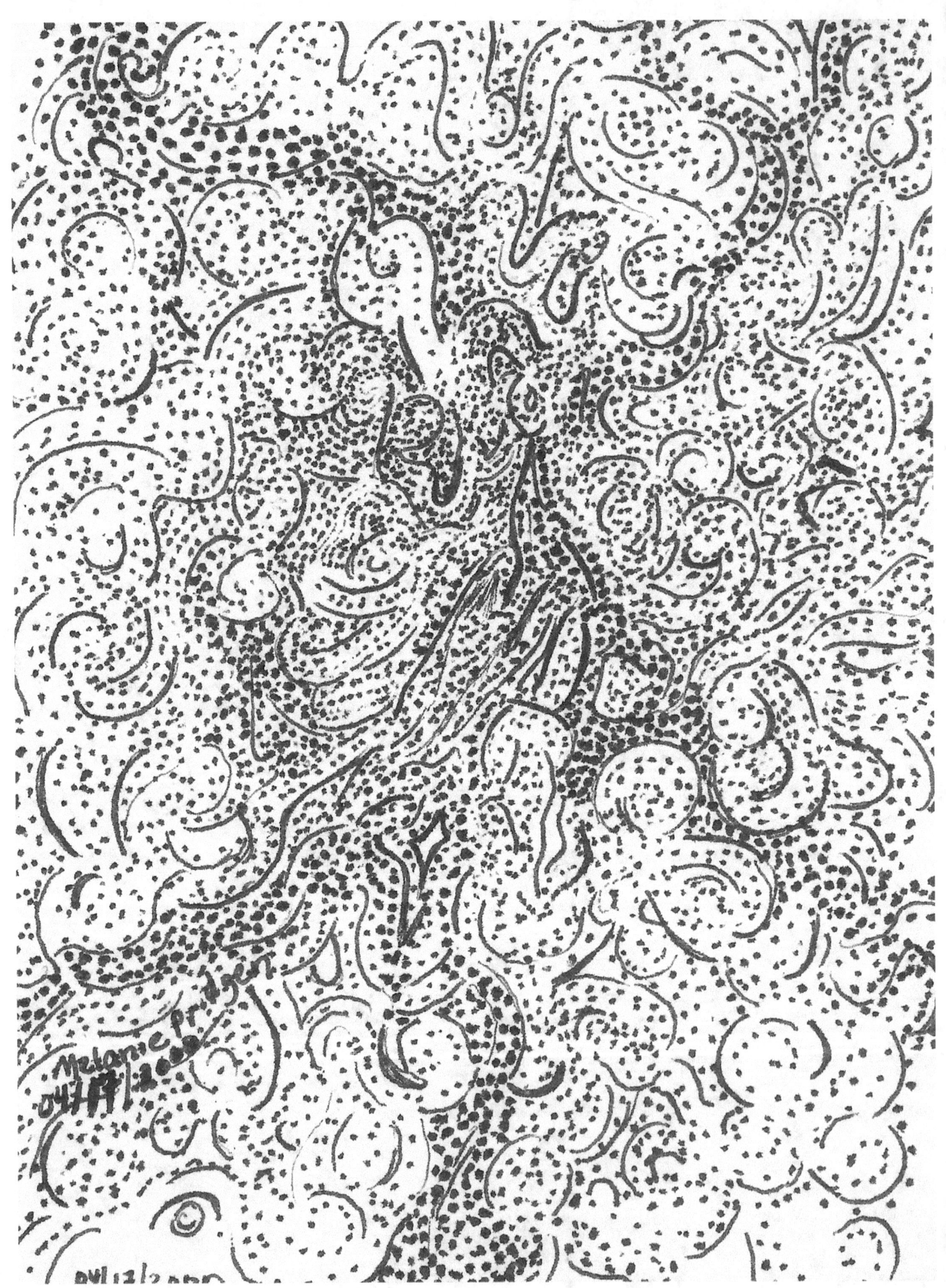

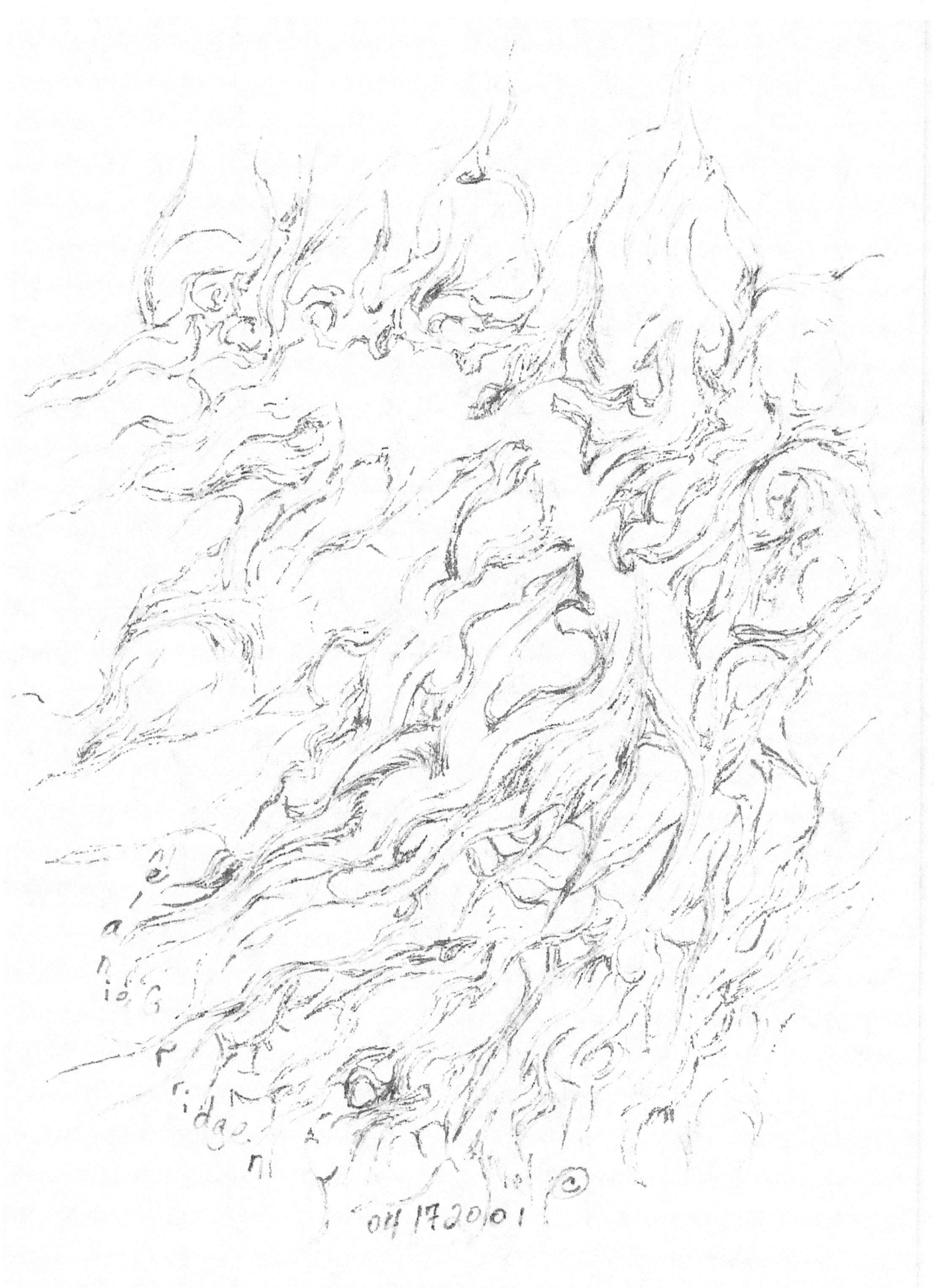

'04 17 20 01

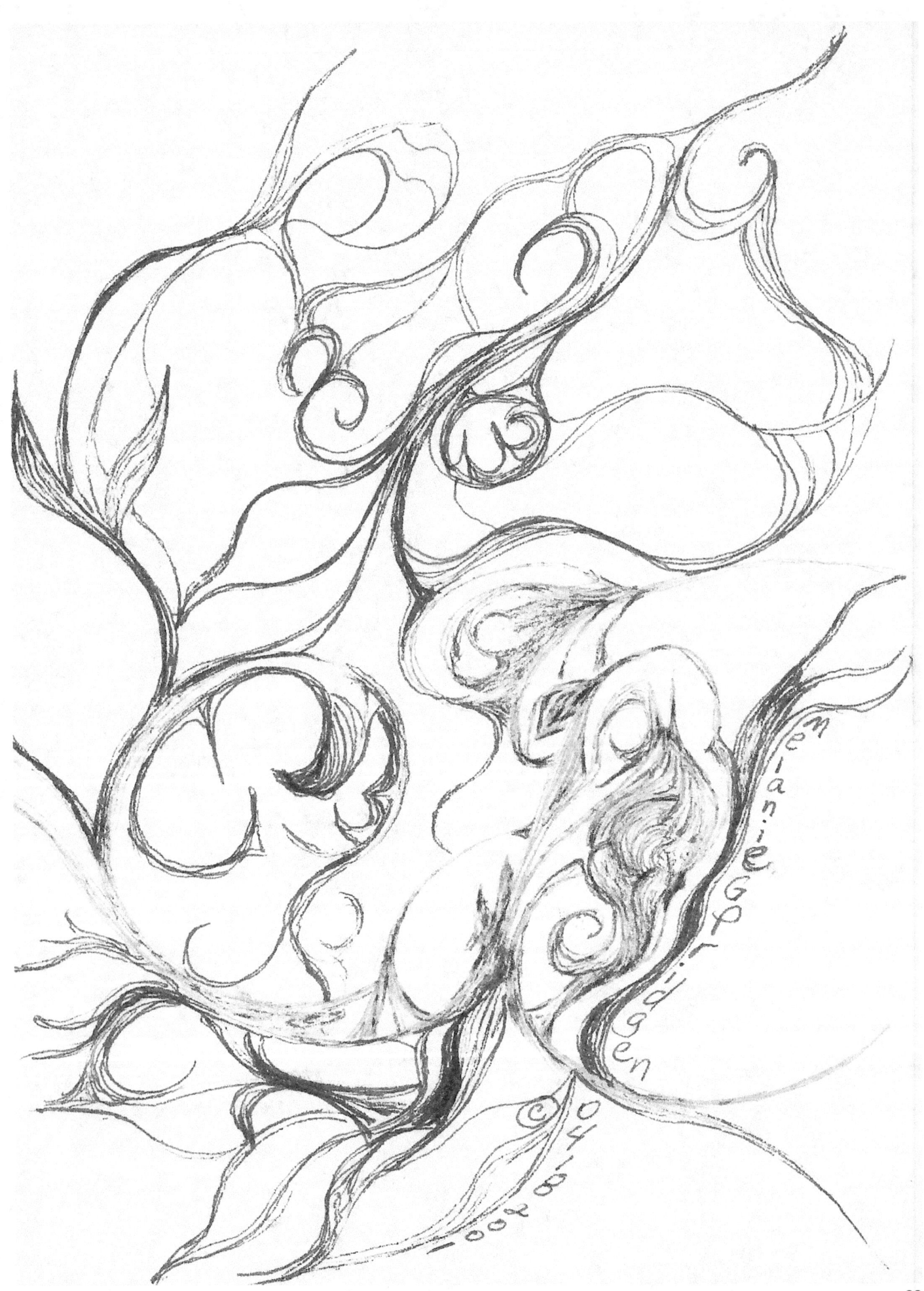

melanie goldridgen
© 04-18-2007

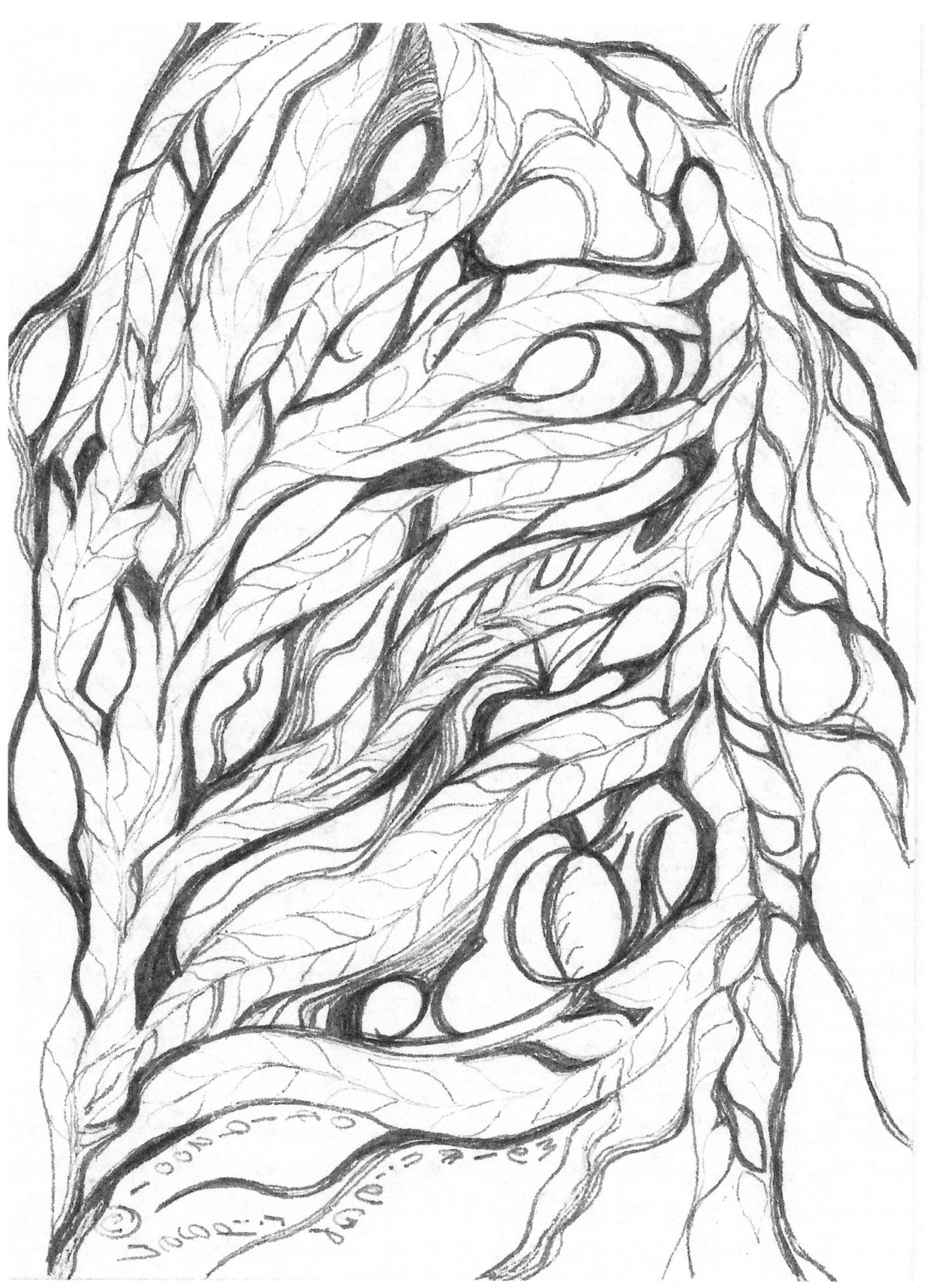

33

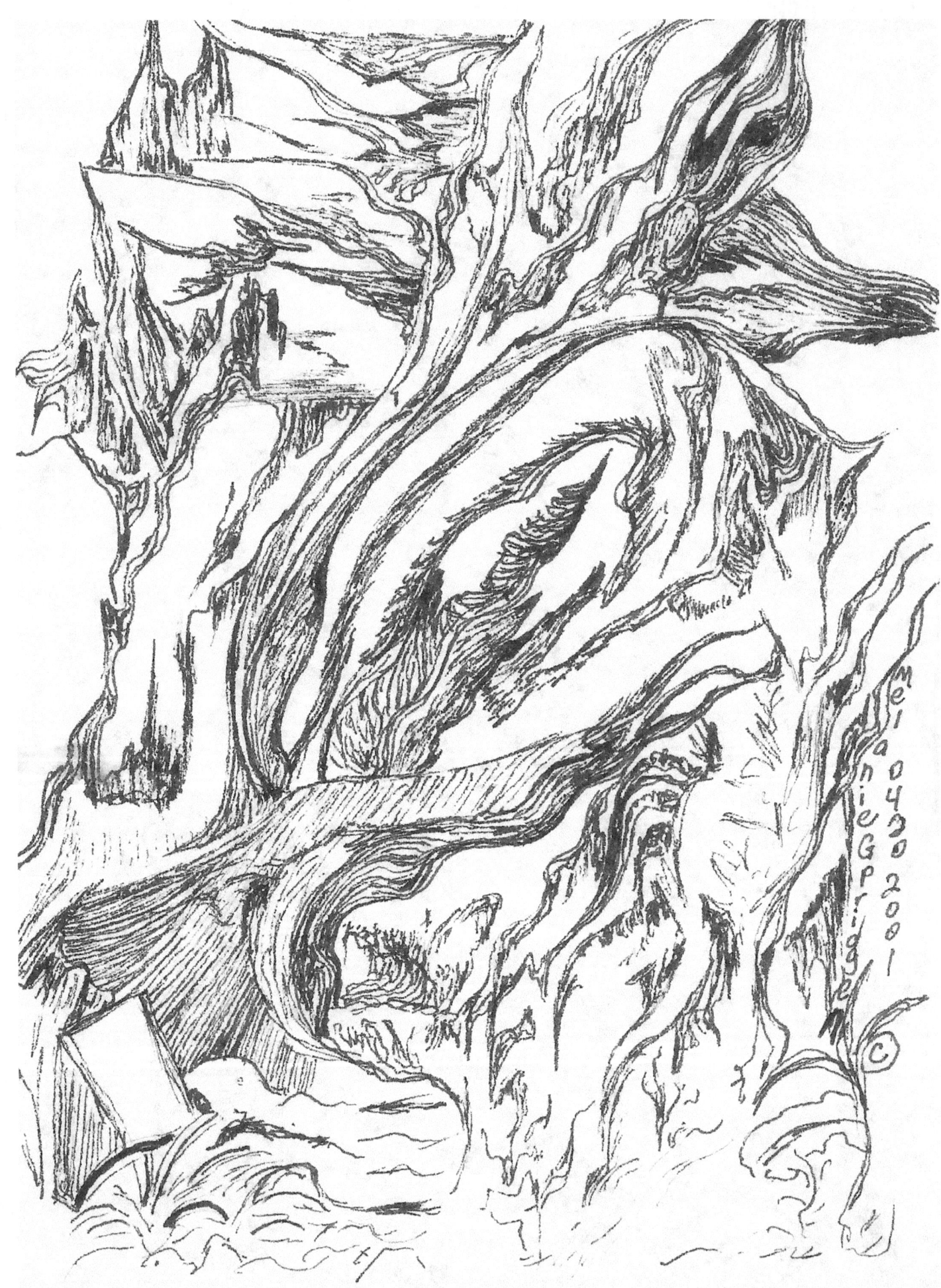

34

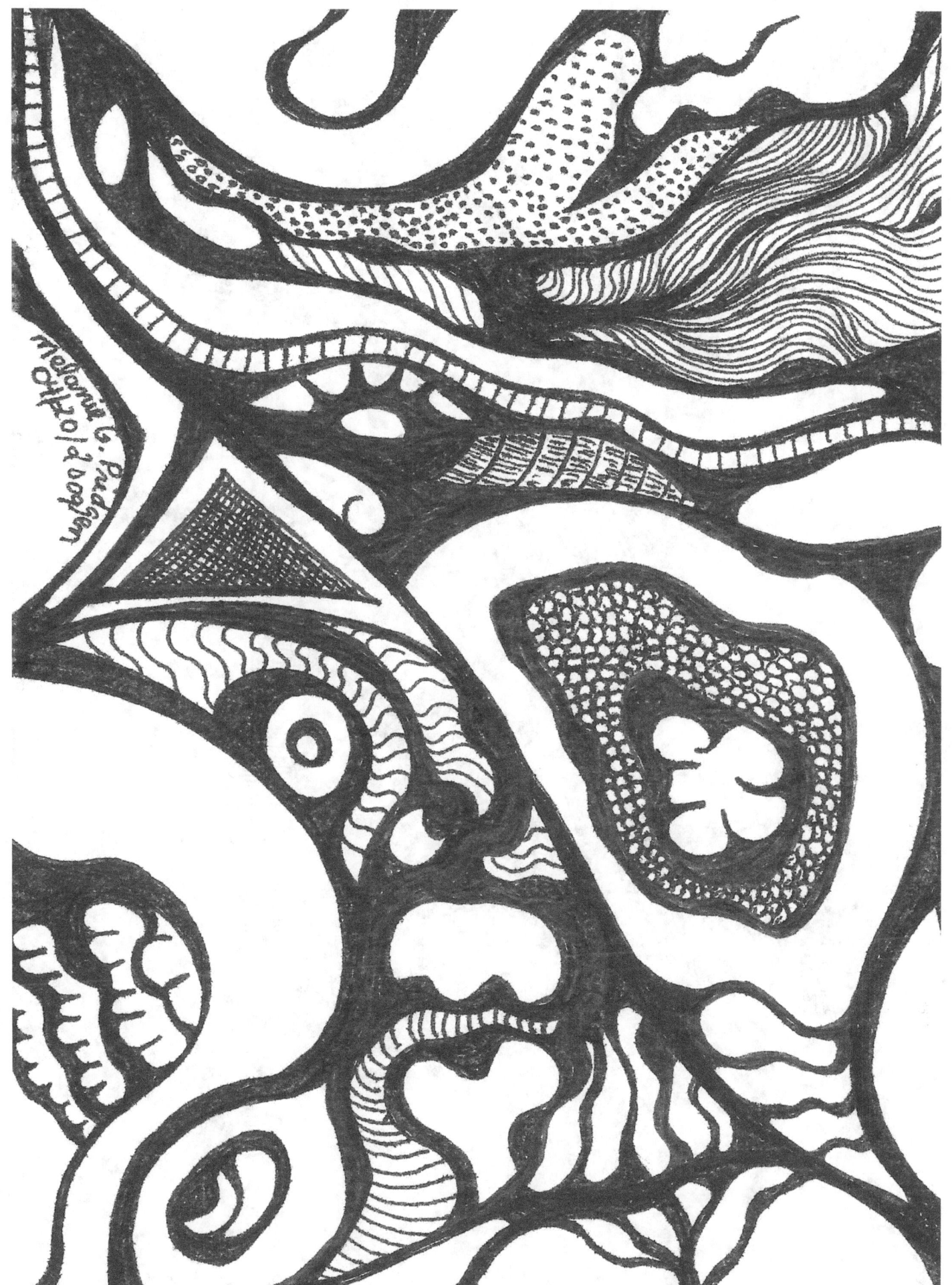

35

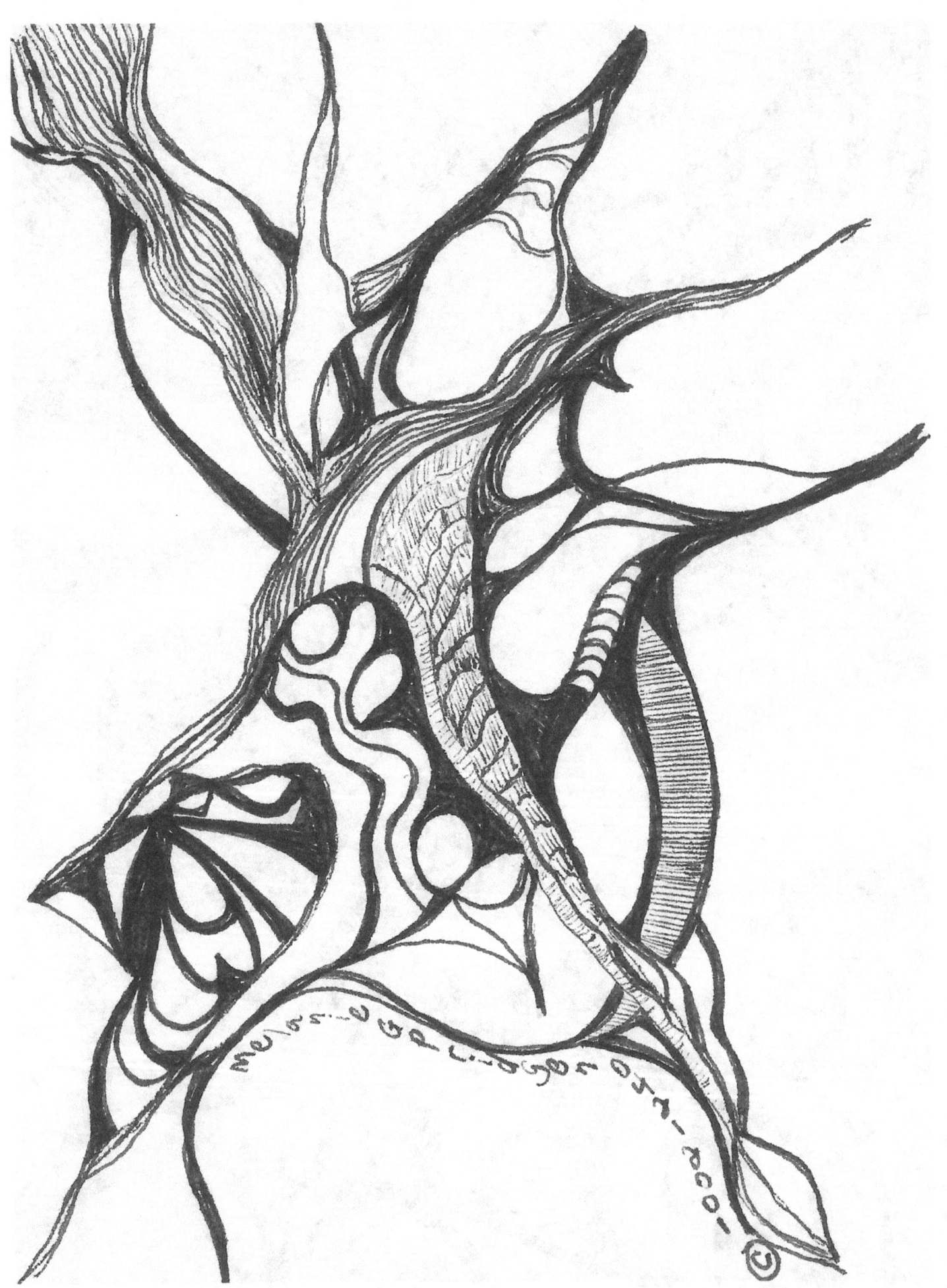

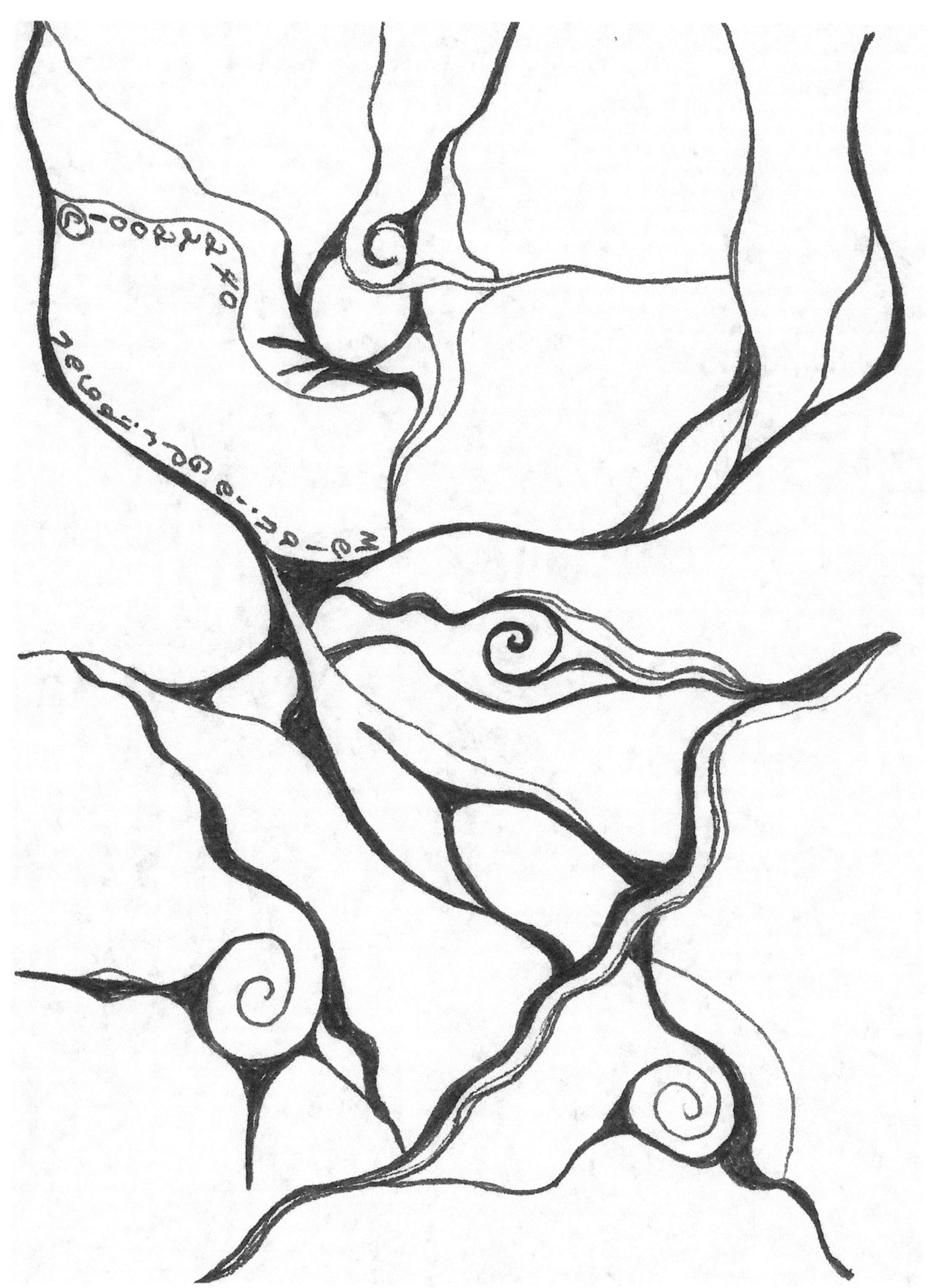

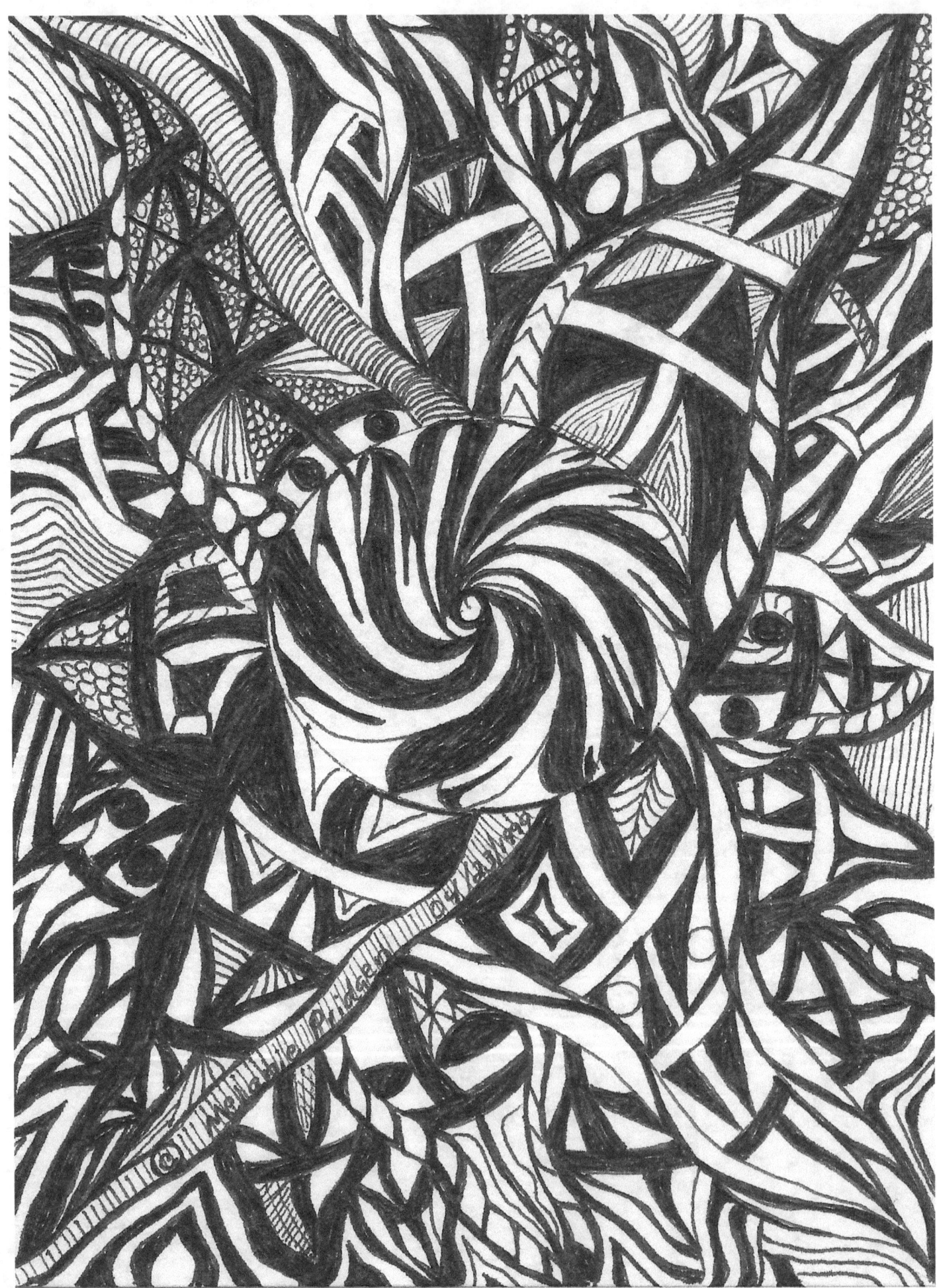

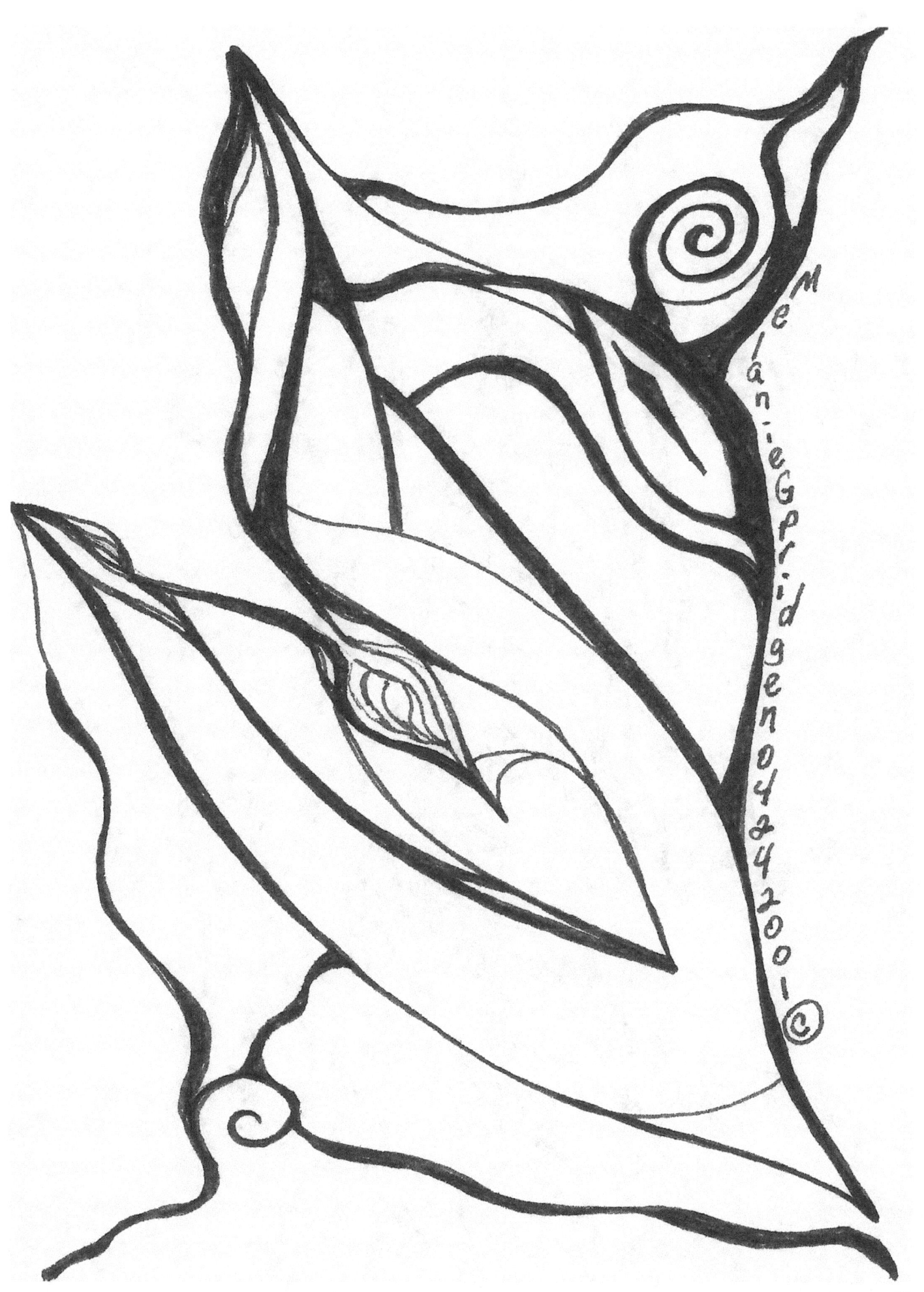

MelanieGPridgen0424 2001 ©

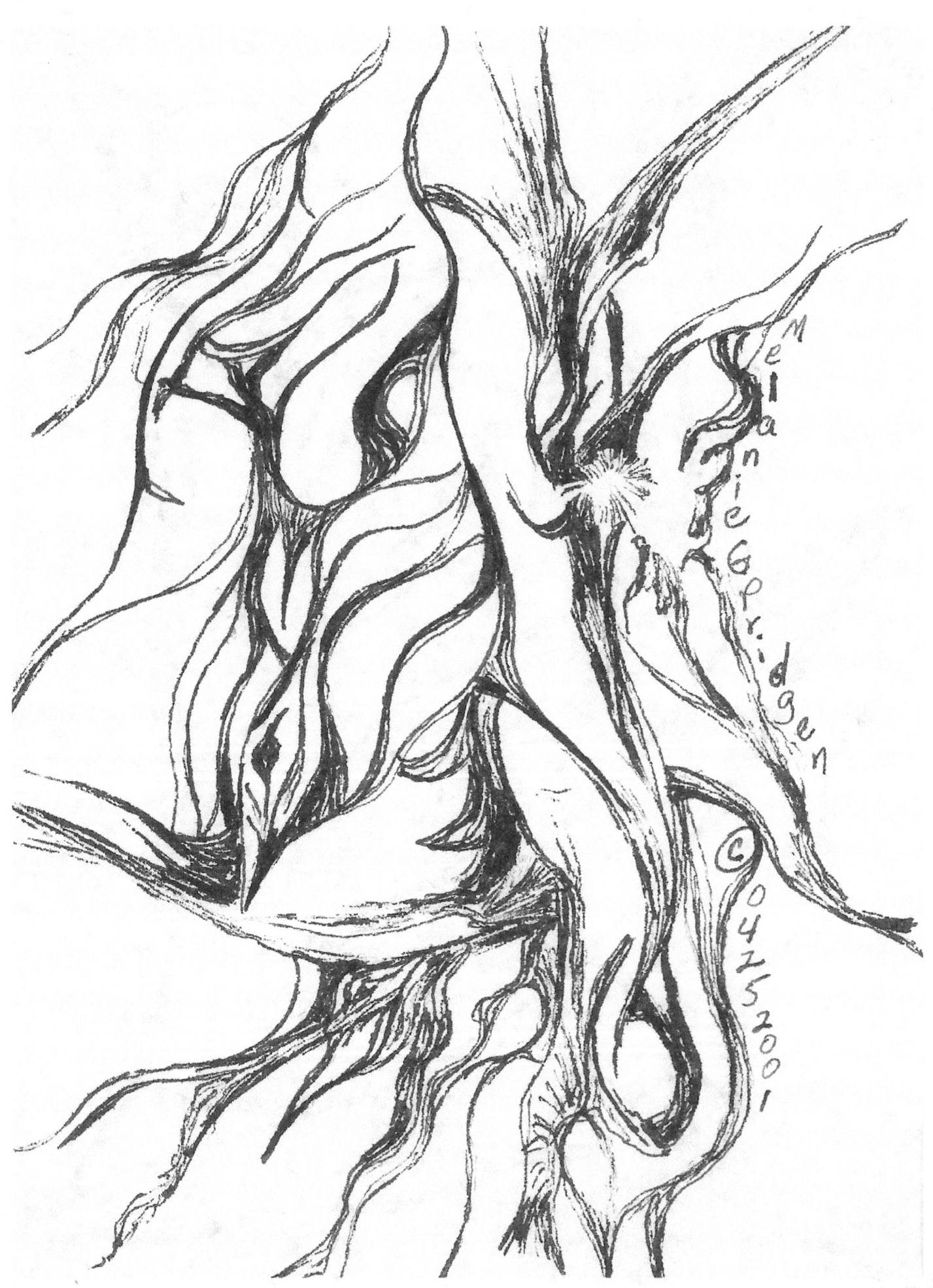

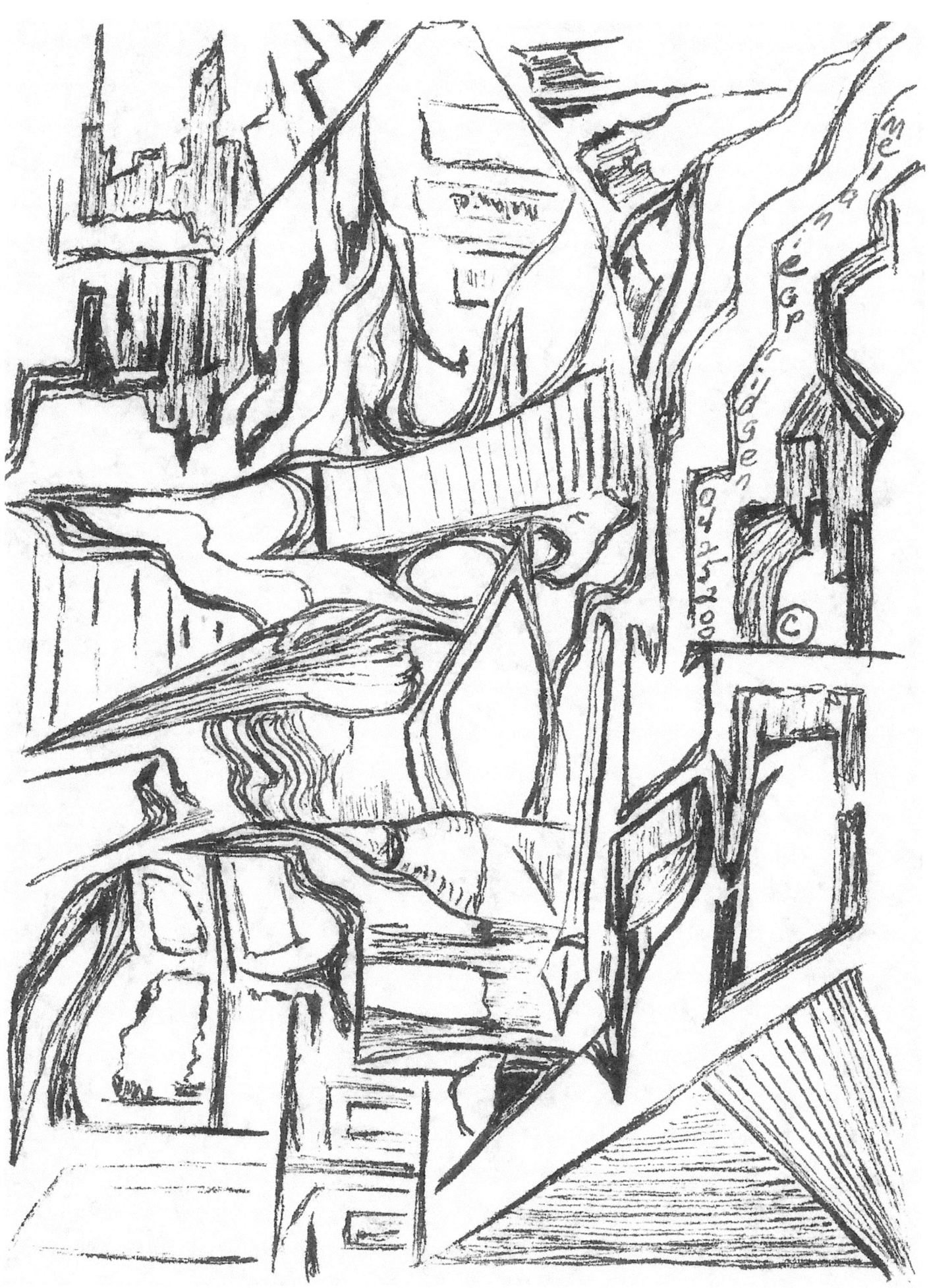

41

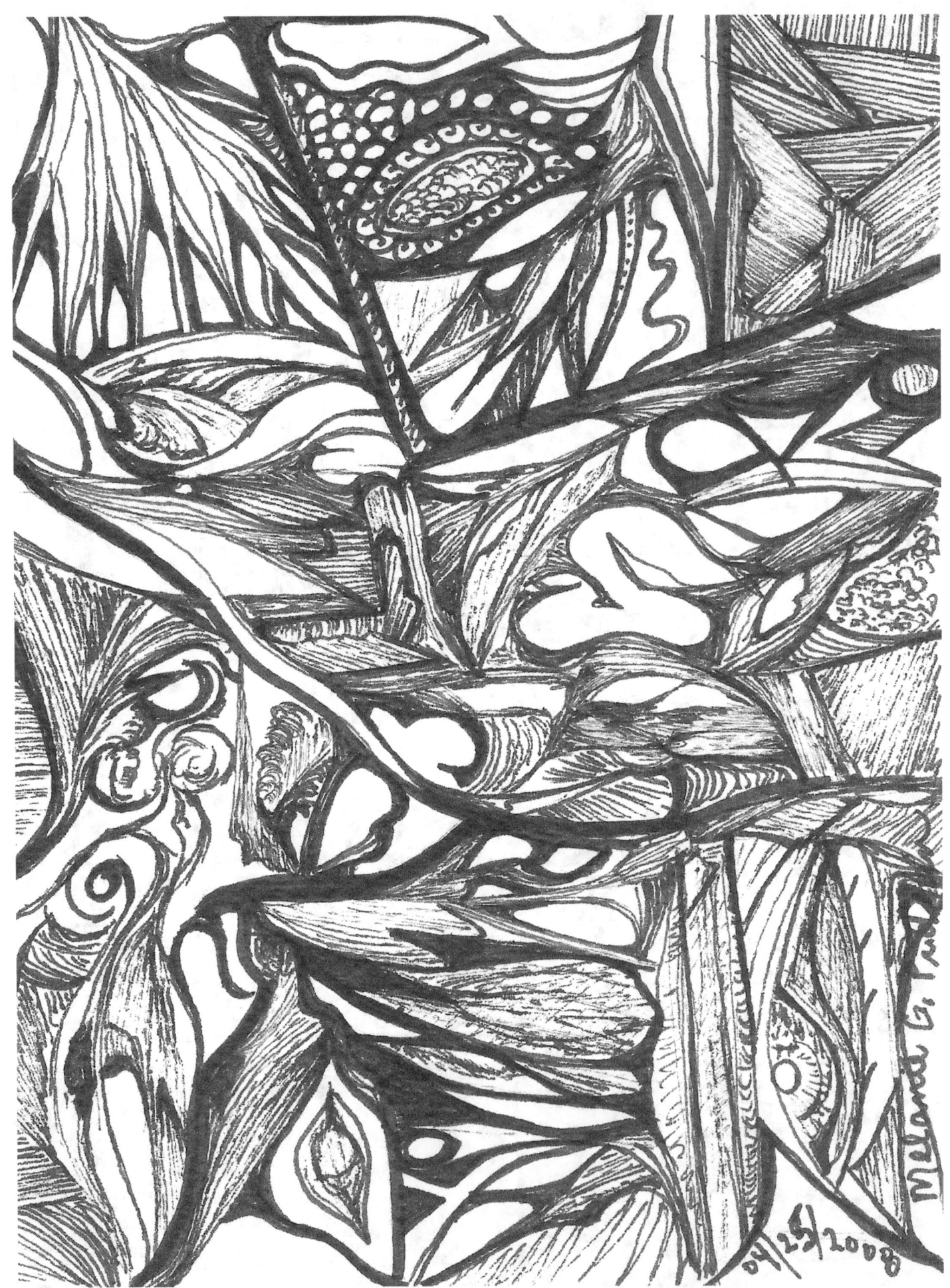

04/25/2008

42

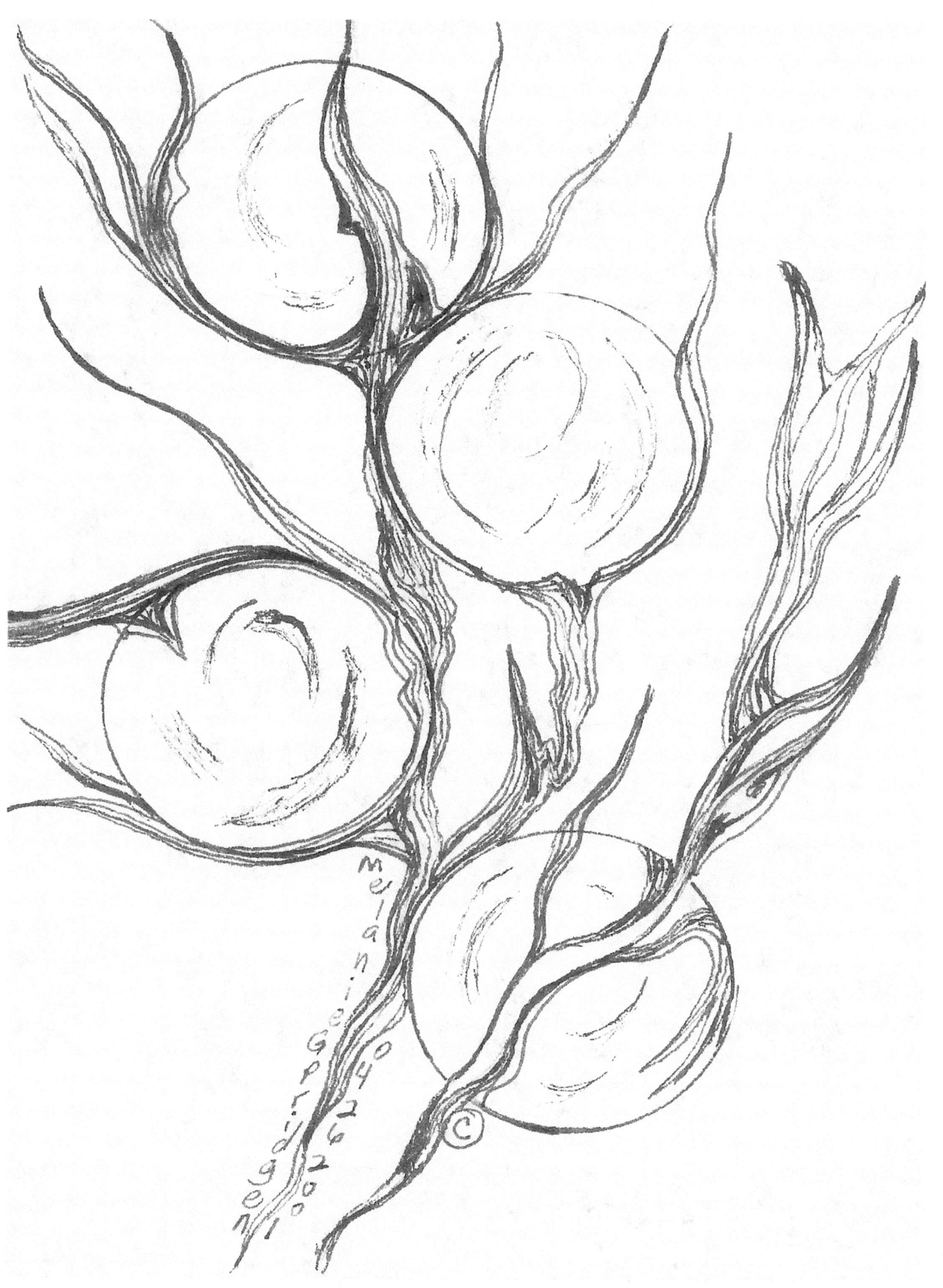

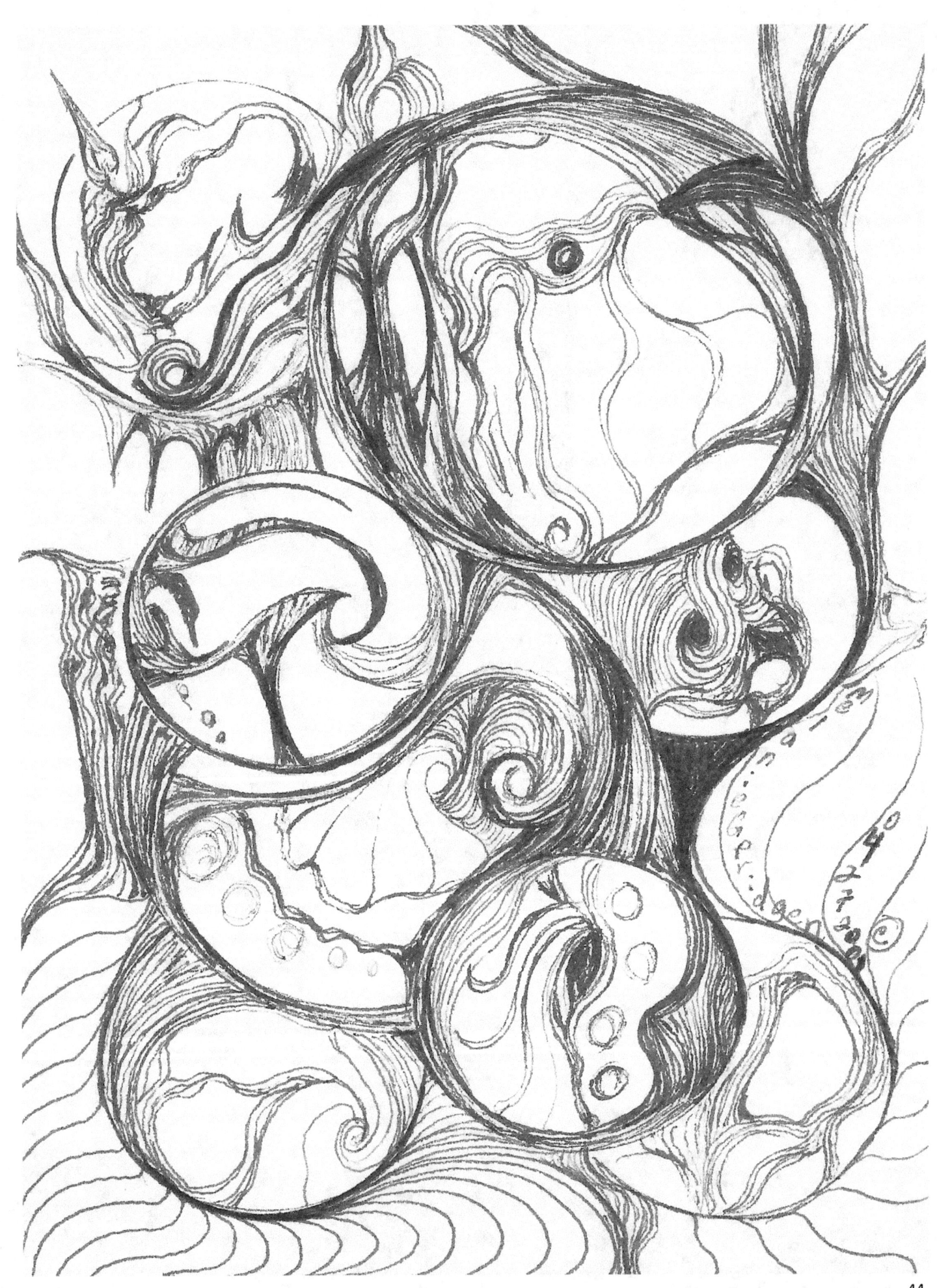

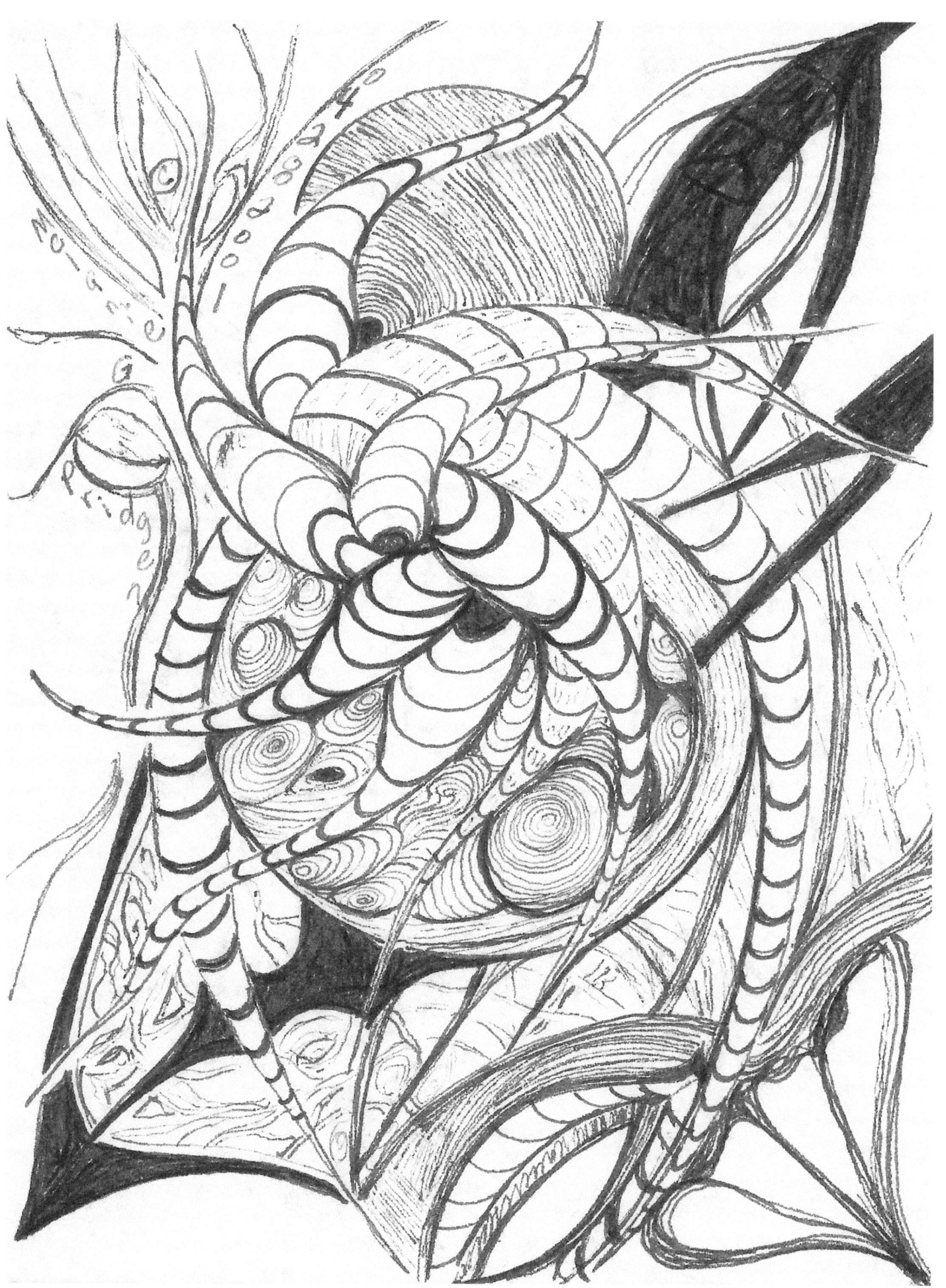

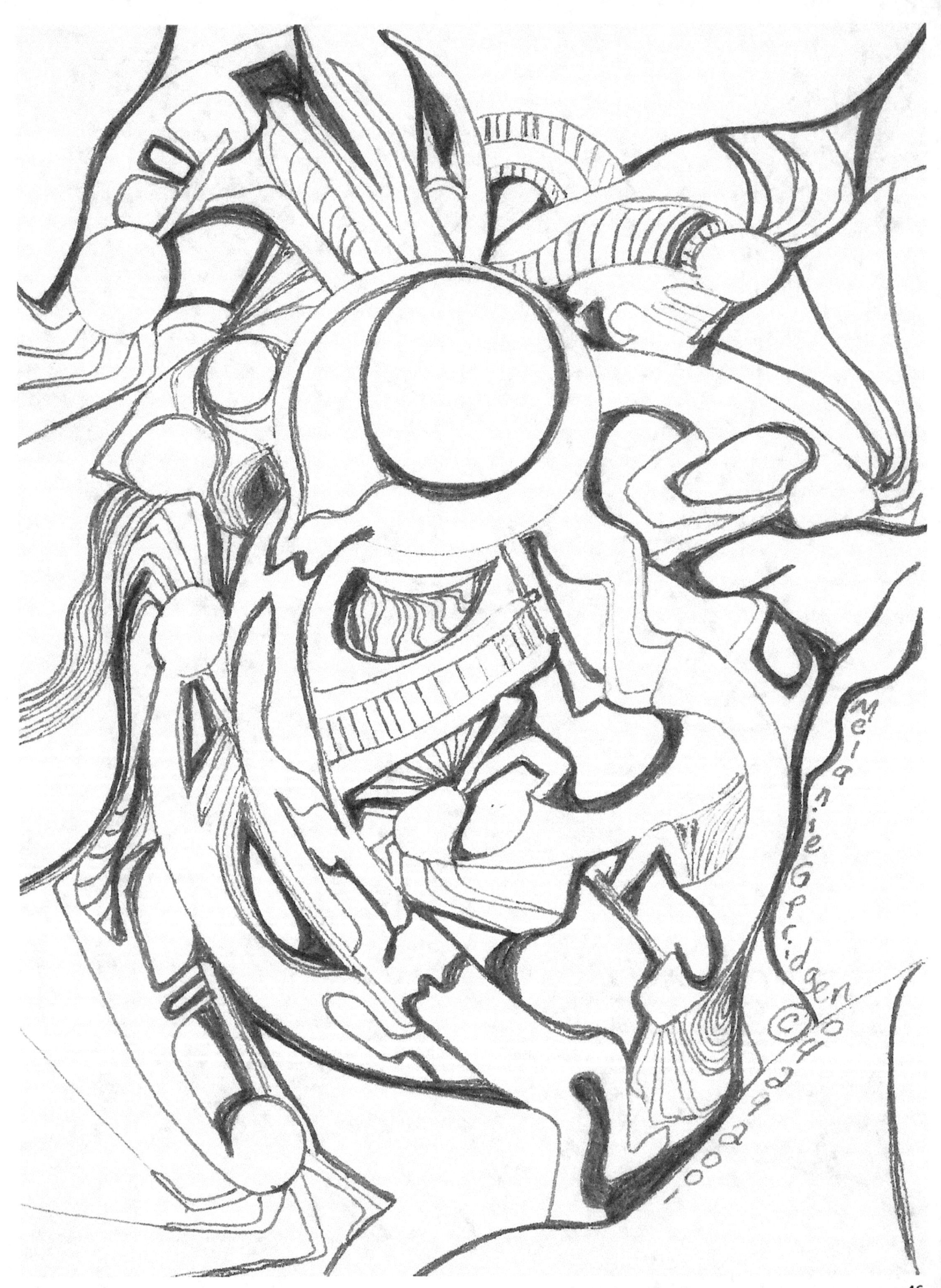

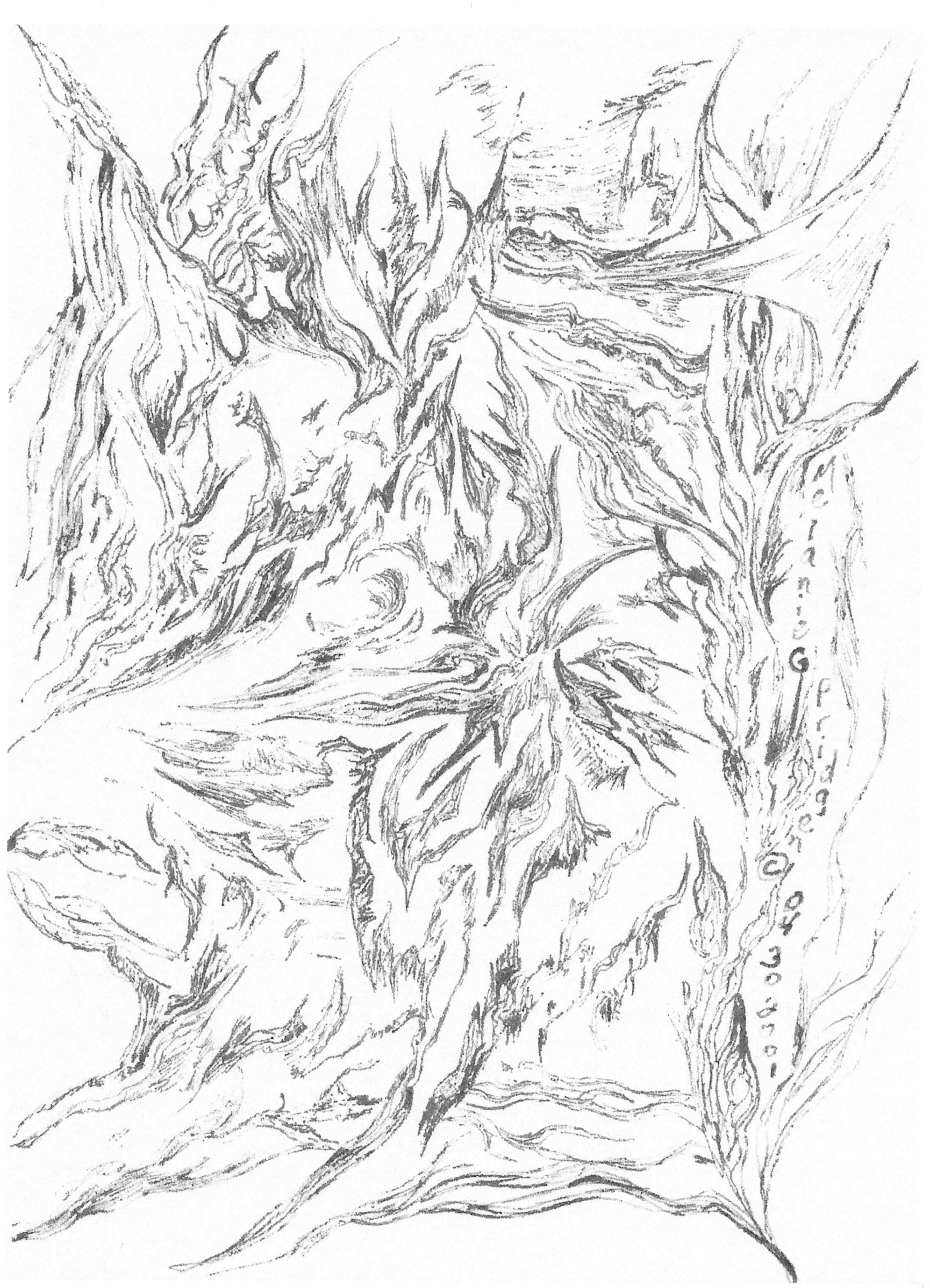

Melanie G. Pridgen © 04:30:or